Annika Schmidt-Glenewinkel

Kinder als Dolmetscher in der Arzt-Patienten-Interaktion

AF126515

Klaus-Dieter Baumann/Hartwig Kalverkämper/Klaus Schubert (Hg.)

TRANSÜD.

Arbeiten zur Theorie und Praxis des Übersetzens und Dolmetschens

Band 62

Annika Schmidt-Glenewinkel

Kinder als Dolmetscher
in der Arzt-Patienten-Interaktion

Frank & Timme

Verlag für wissenschaftliche Literatur

Umschlagabbildung: Schwebebrücke aus dem Hochseilparcours im Klettergarten des Landschaftsparks Duisburg © Rike / PIXELIO

ISBN 978-3-7329-0010-7
ISSN 1438-2636

© Frank & Timme GmbH Verlag für wissenschaftliche Literatur
Berlin 2013. Alle Rechte vorbehalten.

Herstellung durch das atelier eilenberger, Taucha bei Leipzig.
Printed in Germany.
Gedruckt auf säurefreiem, alterungsbeständigem Papier.

www.frank-timme.de

INHALT

Einleitung

Während sich die internationale translationswissenschaftliche Forschung bereits seit Längerem mit Details wie der angemessenen Rolle des (professionellen) Dolmetschers[1] in der Arzt-Patienten-Kommunikation, seiner Verantwortung für die Gesprächskoordination oder den Vor- und Nachteilen verschiedener Sitzpositionen beschäftigt, können diese Fragen aus deutscher Sicht als „Luxussorgen" angesehen werden, da professionelle Dolmetscher für diesen Bereich quasi nicht existent sind. Die überwältigende Mehrheit der Gespräche zwischen Ärzten und Migranten[2] mit unzureichenden Deutschkenntnissen erfolgt mittels unqualifizierter Dolmetscher[3], oftmals auch gänzlich ohne Verdolmetschung. In den meisten Fällen bringen die Patienten ihre Dolmetscher selbst mit. Dabei handelt es sich überwiegend um Familienangehörige, unter denen wiederum Kinder besonders häufig eingesetzt werden, da sie sich schneller als Erwachsene an die Sprache und Kultur anpassen und zudem problemlos „verfügbar" sind.

Als der relativ junge Forschungsschwerpunkt „Community Interpreting" (CI) innerhalb der Translationswissenschaft Ende der 90er Jahre erstmals verstärkt Beachtung fand, wurde das Thema „Kinderdolmetscher" in zahlreichen Publikationen erwähnt. In Deutschland gab die Jahrtausendwende offenbar Anlass zu ambitionierten Bemühungen um eine Professionalisierung der Dolmetschdienstleistungen im medizinischen und sozialen Bereich. Im Jahr 2000 fanden

---

[1] Nach Abwägung verschiedener Varianten des geschlechtergerechten Schreibens habe ich mich aufgrund der Fülle von Personenbezeichnungen in dieser Arbeit doch für die Verwendung des generischen Maskulinums entschieden, obwohl gerade das Dolmetschen eine Arbeit ist, die mehrheitlich von Frauen geleistet wird. Werden weibliche Bezeichnungen verwendet, beziehen sie sich somit ausschließlich auf Frauen.

[2] Unter dem Begriff „Migranten" werden im Rahmen der vorliegenden Arbeit alle Menschen zusammengefasst, die vorübergehend oder dauerhaft in einem Land leben und/oder arbeiten, das nicht als ihre ursprüngliche Heimat anzusehen ist. Dabei wird nicht weiter zwischen verschiedenen Kategorien von Migration differenziert. Synonym werden auch die Formulierungen „ausländischer Herkunft" bzw. „nicht-deutscher Herkunft" verwendet.

[3] Ich habe mich für eine durchgängige Verwendung des Begriffs „Dolmetscher" bzw. „Dolmetscherin" und gegen die in der Literatur zum Laiendolmetschen verbreitete Bezeichnung „Sprachmittler" (z. B. Rehbein; Knapp-Potthoff) entschieden. Zum einen in Anlehnung an Reiß und Vermeer, die bereits 1984 argumentierten: „Außerdem ist der Translator kein bloßer "Sprach-Mittler": Er ist nicht nur Sprach-, sondern auch Kulturmittler; er ist nicht nur Mittler, sondern auch eigenständig kreativ tätig." (Reiß/Vermeer 1984:7). Zum anderen möchte ich damit aber auch die Tätigkeit und die damit verbundene Verantwortung in den Vordergrund rücken, um deutlich zu machen, dass Dolmetschen Arbeit ist – unabhängig von der Person, die sie leistet, der Vergütung sowie der Qualität, die dabei herauskommt.

gleich mehrere Netzwerktreffen statt, die sich die Entwicklung eines Berufsprofils und eines entsprechenden Ausbildungsprogramms zum Ziel setzten. Diese Treffen waren interdisziplinär angelegt und wurden von Translationswissenschaftlern initiiert oder aktiv mitgestaltet. In einem Arbeitspapier, das auf dem ersten Treffen (5. Februar 2000 in Germersheim) vorgelegt wurde, heißt es:

> „Es geht hier nicht darum, aufzuzeigen, daß Putzfrauen oder minderjährige Angehörige nicht die geeigneten Personen sind, um ein medizinisches Aufklärungsgespräch zwischen Arzt und Patient zu dolmetschen. Wir gehen davon aus, daß die Notwendigkeit des Einsatzes professioneller Dolmetscher in dieser und ähnlichen Situationen nicht mehr angezweifelt wird." (Bahadır 2000:216)

Wenige Zeit später machte der BDÜ das Thema „Dolmetschen im Krankenhaus" zum Schwerpunkt einer Ausgabe seiner Mitgliederzeitschrift (MDÜ 2002). Seither ist es in der deutschen Translationswissenschaft um das CI wieder stiller geworden. Forschung zu diesem Thema findet meines Wissens hauptsächlich in anderen Disziplinen und anderen Ländern statt. Im internationalen Forschungsnetzwerk „Critical Link", das bisher sieben Konferenzen zum CI abgehalten hat, sind deutsche Translationswissenschaftler kaum vertreten. Zwar fordert Şebnem Bahadır (2000:211) zu Recht, man dürfe sich nicht zu lange mit Lamentieren aufhalten, doch dass sich die Ergebnisse der Forschung bisher kaum in der Realität des alltäglichen Lebens niederschlagen konnten, zeigt ein erneuter Blick auf die gegenwärtige Situation: Inzwischen gibt es einige Initiativen mit Modellcharakter (z. B. das Ethnomedizinische Zentrum in Hannover oder den Gemeindedolmetschdienst in Berlin), doch ein Großteil des Dolmetschbedarfs in Krankenhäusern und Arztpraxen wird unverändert von Laiendolmetschern gedeckt, sehr häufig von Kindern.

Unbefriedigend bleibt, dass über die Erwähnung hinaus kaum eine explizite bzw. systematische Behandlung der Thematik von Kindern als Spezialfall von Laiendolmetschern erfolgte. Insbesondere wurden die Ergebnisse aus anderen Ländern und Disziplinen nur unzureichend mit der Translationswissenschaft in Deutschland vernetzt. Diese Lücke möchte ich im Sinne einer interdisziplinär aufgeschlossenen, multiperspektivischen Translationswissenschaft verkleinern. Mit Blick auf den von Erich Prunč (2007) in die Translationswissenschaft eingebrachten Aspekt der Translationsethik sehe ich die Wissenschaft in der Verantwortung, sich für eine Veränderung der gesellschaftlichen Bedingungen, unter denen translatorisches Handeln stattfindet, zu engagieren. Eine umfassende integrative Analyse bisheriger Forschungsergebnisse kann den Professionalisierungsbestrebungen zugutekommen, indem sie der Argumentation neuen Nachdruck verleiht.

Bernd Meyer liefert eine pessimistische Einschätzung der künftigen Entwicklung des Dolmetschens im medizinischen Bereich:

> „Dolmetschen im Krankenhaus ist auf absehbare Zeit kein Markt für professionelle Dolmetscher. Professionell bezahlte Dolmetschtätigkeit wird im medizinischen Bereich solange die Ausnahme bleiben, wie der politische Wille zu einer Veränderung der deutschen Einwanderungs- und Sprachpolitik fehlt." (Meyer 2002:11)

Es bliebe also nichts anderes als abzuwarten. Folgt man demgegenüber Prunčs (2004; 2007) Überlegungen zu einer Translationsethik, könnte man jedoch auch fordern, dass sich die Translationswissenschaft um eine Veränderung der Translationskultur bemühen sollte, damit ein Schritt zu mehr Versorgungsgerechtigkeit erfolgen kann. Ihm zufolge gehören zu den Aufgaben der Translationswissenschaft auch die prospektive Konstruktion möglicher/künftiger Translationskulturen, die Entwicklung adäquater Ethiken translatorischen Handelns, die Entwicklung von Modellen zur Optimierung der Ausbildung und des Translationsprozesses sowie die Aufwertung des Berufsstandes (vgl. Prunč 2004). Die entscheidenden Impulse für eine professionalisierte Translationskultur müssten demnach von den Hochschulen und Berufsverbänden kommen, was durchaus erfolgreich sein kann, wie Beispiele aus dem Ausland (z. B. Österreich) zeigen.

Das übergeordnete Ziel der vorliegenden Arbeit besteht darin, das Thema „Kinderdolmetscher" wieder in die Diskussion einzubringen und ein stärkeres Bewusstsein dafür zu schaffen, dass gerade im medizinischen Bereich eine Professionalisierung des Dolmetschens für die Gesellschaft von Nutzen, aus ethischer Sicht zwingend erforderlich und zum Teil sogar lebensnotwendig ist. In der Vergangenheit wurden in der Diskussion um die Professionalisierung Kinder und Putzfrauen in einem Atemzug genannt, da das Hauptaugenmerk auf der Unterscheidung zwischen Laien und Profis lag. Vernachlässigt wurde dabei eine detaillierte Auseinandersetzung mit der Perspektive dolmetschender Kinder, die sich von der Perspektive dolmetschender Putzfrauen sicher erheblich unterscheidet.

Daher möchte ich im Rahmen dieser Arbeit den speziellen Aspekt der Dolmetschleistungen von Kindern für Familienangehörige mit dem Fokus auf die

Arzt-Patienten-Kommunikation sowohl umfassender als auch detaillierter beleuchten, als dies in bisherigen Publikationen geschehen ist. Dies erfolgt über eine integrative Auswertung von Materialien aus verschiedenen Disziplinen (Dolmetschwissenschaft, Linguistik, Kommunikationswissenschaft, Medizinsoziologie, Gesundheitswissenschaft, Psychologie, Pädagogik und Migrationsforschung) und Ländern. Außerdem sollen mögliche Lösungsstrategien unter die Lupe genommen werden, mit denen dem Professionalisierungsmangel begegnet werden könnte. Für die Betrachtung der gegenwärtigen und möglichen künftigen Translationskultur bildet Berlin den geografischen Schwerpunkt der Arbeit. Es wird kein Akzent auf Unterschiede zwischen den Herkunftsländern der Migranten gesetzt, da es um die allgemeine kulturübergreifende Problematik geht. Folglich kann nicht detailliert auf kulturbedingte Kommunikationsaspekte eingegangen werden.[4]

Ausgangspunkt der vorliegenden Arbeit ist die These, dass der Einsatz von Kindern als Dolmetscher für Eltern und andere Verwandte mit erheblichen Risiken verbunden ist, die Ärzte in rechtliche Schwierigkeiten bringen, die Gesundheit der Patienten gefährden und vor allem die Kinder selbst in ihrer Entwicklung beeinträchtigen können. Der Fokus ist daher auf die Implikationen gerichtet, die sich für alle drei Seiten ergeben, wenn Kinder die Verantwortung für den Erfolg der Arzt-Patienten-Interaktion tragen müssen. Alle übrigen Aspekte des (Laien-)Dolmetschens werden nur insoweit behandelt, wie sie für die Untersuchung der These relevant sind.

Im Zentrum stehen folgende Fragen: Sind Kinder aufgrund ihrer noch nicht vollendeten Persönlichkeits- und Sprachentwicklung in bestimmten Punkten noch weniger als Dolmetscher geeignet als andere Laien? Woran wäre die mangelnde Eignung konkret zu erkennen? Worin unterscheidet sich das Dolmetschen im Gesundheitswesen von anderen Settings[5], in denen Kinder dolmetschen? Wie wirkt sich die Dolmetschtätigkeit kurz- und langfristig auf die Kinder aus? Aus ärztlicher Sicht sind die tatsächlichen Fehler in der Verdolmetschung und die daraus resultierenden Gefahren von Interesse sowie die Frage, ob diese tendenziell schwerer wiegen als die Fehler anderer Laien. Aus psycho-

---

[4] Dieser Aspekt wird z. B. bei Dreißig (2005) ausführlich behandelt.
[5] Das Setting bezeichnet in der Dolmetschwissenschaft den Ort, an dem die Verdolmetschung stattfindet, unter Einbeziehung der situativen Charakteristika.

logischer Sicht gehe ich von der These aus, dass es aufseiten der Kinder zu einer sprachlichen und vor allem emotionalen Überforderung kommt. Kontrastiert wird diese These mit der vielerorts vertretenen Meinung, bilingual aufgewachsene Kinder seien durch ihre natürliche Zweisprachigkeit prädestiniert für Dolmetschaufgaben und würden durch eine Erweiterung ihrer Sprachkompetenz und eine Stärkung des Selbstbewusstseins von ihrer Rolle als Dolmetscher profitieren. Neben den Deutschkenntnissen der Kinder, die in der Regel deutlich besser sind als die ihrer Eltern, sind weitere Faktoren zu berücksichtigen. Das können Defizite in der Muttersprache sein, deren Wortschatz sich oftmals auf den familiären Bereich beschränkt, aber auch Faktoren wie Fachsprachlichkeit, Erfahrungshorizont, Kommunikationsverhalten allgemein und Gesprächsrollenkompetenz. Mithilfe eines detaillierten Blicks auf die Folgen für die Familiendynamik werden zudem Aspekte untersucht, die über die Thematik der Überforderung hinausgehen.

Die gesellschaftliche Relevanz des Themas wird spätestens im Zusammenhang mit der aktuellen Migrations- und Integrationsdebatte ersichtlich. Die Dolmetschproblematik kann hierbei nicht ausgeklammert werden. Denn selbst bei einer hohen Lern- und Integrationsbereitschaft wird es immer mehrere Jahre dauern, bis neu Zugewanderte so gut Deutsch sprechen, dass ein verlässliches medizinisches Gespräch geführt werden kann. Vor dem Hintergrund der gesetzlich verankerten Versorgungsgerechtigkeit wird daher auch auf die rechtlichen und finanziellen Rahmenbedingungen eingegangen, die im Zusammenhang mit dem Professionalisierungsmangel von Belang sind. Mit Blick auf die Gesellschaft werden zudem folgende Fragen diskutiert: Wird Dolmetschen generell als Arbeit anerkannt? Wird durch die gegenwärtige Praxis also illegale Kinderarbeit unterstützt?

Als Datenbasis für die Erörterung der genannten Fragen dienen zahlreiche Studien aus verschiedenen Ländern und Forschungsdisziplinen. Ich habe mich für dieses umfangreiche Material entschieden, da es m. E. in seiner Fülle wesentlich aufschlussreicher sein kann als die Ergebnisse einer eigenen empirischen Erhebung, die im Rahmen einer Diplomarbeit zwangsläufig sehr beschränkt wäre.

Die Darstellung der Verständigung in der medizinischen Versorgung von Migranten in Berlin erfolgt auf der Basis von Studien, die von staatlichen Institutionen in Auftrag gegeben wurden (Plan- und Leitstelle Gesundheit des Bezirks Friedrichshain-Kreuzberg; Beauftragte für Migration u. a.). Grundlage für den Hauptteil, in dem die Arzt-Patienten-Kommunikation unter Beteiligung von dolmetschenden Kindern untersucht wird, sind Studien, die Aussagen von Kindern zu ihren eigenen Dolmetscherfahrungen auswerten (z. B. Rajič; Green *et al.*), sowie Befragungen von Ärzten (z. B. Pöchhacker 2000a; Cohen *et al.*) und Eltern (z. B. Araujo; Valdés *et al.*). Für die Diskussion werden des Weiteren psychologische Theorien zur Persönlichkeitsentwicklung und zu Rollen im Familiengefüge herangezogen.

Nach einer Verortung des Forschungsgegenstands in der Translationswissenschaft und einem Überblick über die Herausforderungen des Community Interpreting für Forschung und Gesellschaft (Kapitel 1) richtet sich das Hauptaugenmerk auf das Dolmetschen im Gesundheitswesen (Kapitel 2). Zunächst wird auf die (sprachlichen) Zugangsbarrieren in der medizinischen Versorgung von Migranten eingegangen (2.1). Der Schwerpunkt liegt dabei auf von Ärzten erwähnten Problemen in der Verständigung mit Patienten mit geringen Deutschkenntnissen, auf einer Einschätzung des Dolmetschbedarfs sowie auf der gegenwärtigen Translationskultur mit ihren Strategien, Sprachbarrieren zu überwinden. In Kapitel 2.2 wird in Anlehnung an Barkowski (2007) und Pöchhacker (2000a) zunächst die Komplexität der Dolmetschtätigkeit dargestellt, um deutlich zu machen, in welchen Punkten es zu einer Überforderung der Kinder kommen kann. Anschließend werden aus dolmetschwissenschaftlicher Perspektive die bisher erforschten Charakteristika der Sprachmittlung durch Laien zusammengestellt.

In der Annahme, dass diese Ergebnisse allgemein für den Einsatz von Kindern zutreffen, wird in Kapitel 3 vertieft, welche speziellen Implikationen die Triade Vater/Mutter-Kind-Arzt zusätzlich mit sich bringt. Dies erfolgt differenziert mit Blick auf die Perspektive der Ärzte (3.2), der Patienten bzw. Eltern (3.3) und der Kinder (3.4). In einem Exkurs mit Fokus auf psychologische Aspekte wird anschließend darauf eingegangen, in welcher Form und unter welchen Umständen es zu einer sprachlichen und emotionalen Überforderung der

Kinder kommen kann und wie sich die jeweils übernommenen Rollen auf die Familiendynamik auswirken (3.5). Die Perspektive der Gesellschaft, in die das Phänomen eingebettet ist, wird ebenfalls erörtert (3.6).

Kapitel 4 ist möglichen Professionalisierungsstrategien gewidmet, wobei sowohl bisherige Ansätze aus Deutschland als auch vorbildliche Modelle aus dem Ausland betrachtet werden. Zum Abschluss werden die im Hauptteil gewonnenen Erkenntnisse genutzt, um Empfehlungen für eine prioritätengeleitete Professionalisierungsstrategie zu entwickeln.

1. Dolmetschen als komplexes Handeln

Dieses Kapitel dient der Darstellung des Forschungsgegenstands aus translationswissenschaftlicher Sicht und der Verortung im aktuellen Diskursgeschehen. Nach einem Blick auf die Entwicklung der Dolmetschwissenschaft wird anhand der Forschungsrealität in Deutschland und der Besonderheiten des Laiendolmetschens das Community Interpreting als Forschungsdesiderat skizziert, was als Ausgangspunkt für die vorliegende Arbeit anzusehen ist. Anschließend wird der interdisziplinäre Charakter der Translationswissenschaft im Allgemeinen und der hier behandelten Thematik im Besonderen begründet.

1.1 Community Interpreting vs. Konferenzdolmetschen – Feinde, Fremde, Freunde?

Seit sich die Dolmetschwissenschaft in den 60er Jahren als Zweig der Translationswissenschaft zu etablieren begann, widmete sie sich in erster Linie dem Konferenzdolmetschen. Im Laufe der Jahrzehnte folgten verschiedene Paradigmen aufeinander, die Pöchhacker (2007) wie folgt beschreibt: Am Anfang stand die „théorie du sens" der Pariser Schule. Diese wurde abgelöst durch einen Fokus auf kognitive Prozesse, der von professionellen Konferenzdolmetscherinnen ausging. Der Ansatz mündete später in das neurolinguistische Paradigma. Parallel dazu entstand unter dem Einfluss neuer Übersetzungstheorien (Skopos) ein funktional ausgerichteter translationstheoretischer Ansatz. Der Forschungsgegenstand innerhalb dieser ersten vier Paradigmen waren stets die Konferenzdolmetscher und ihre Leistungen (vgl. ebd.:16ff.).[6]

Die für die vorliegende Arbeit entscheidende Wende vollzog sich schließlich durch die Einbettung des Dolmetschens in einen größeren Handlungszusammenhang. Die Konzentration auf den Diskurs und die Interaktion, maßgeblich geprägt durch Wadensjö (1992), rückt das translatorische Handeln des Dolmetschers ins Zentrum. Diese Perspektive ermöglichte erstmals eine wissenschaftli-

---

[6] Eine ausführliche Darstellung der Entwicklung der Dolmetschwissenschaft sowie der Forschungsschwerpunkte in den genannten Paradigmen findet sich bei Pöchhacker (2004) im 4. Kapitel.

che Betrachtung anderer, insbesondere dialogischer Dolmetschformen (vgl. Pöchhacker 2007:18).

Bis Mitte der 90er Jahre wurde das Dolmetschen jenseits des Konferenzsettings in der Forschung somit kaum beachtet, wenngleich es im Alltag seit Jahrzehnten eine große Rolle spielt. Das intrasozietäre[7] Dolmetschen, für das sich in der deutschen Translationswissenschaft der Begriff *Community Interpreting* (CI) durchsetzte[8], wurde von Pöchhacker vor mehr als 15 Jahren als „Dritte Welt" bezeichnet (Pöchhacker 1995:215). Damit spielte er sowohl auf die Vernachlässigung dieses Felds vonseiten der Forschung an als auch auf die Bedingungen, unter denen Translation hier stattfindet.

Während es in der Translationswissenschaft zunächst um eine Hervorhebung der Unterschiede zwischen Konferenzdolmetschen und Community Interpreting ging, ist in jüngerer Zeit eine Tendenz zur Integration in ein gemeinsames Forschungsfeld zu beobachten, die vor allem eine Hierarchisierung innerhalb der Forschung vermeiden könnte (vgl. Pöchhacker 2007). Anstelle einer kontrastiven Gegenüberstellung entwickelte Pöchhacker (2000a) ein Kontinuum der Dolmetschtypen, innerhalb dessen das Konferenzdolmetschen und das Kommunaldolmetschen (so die von Pöchhacker geprägte österreichische Bezeichnung für das CI) zwar die beiden Pole bilden, jedoch Überschneidungen und Übergänge deutlich werden. Dieser verbindende Ansatz könnte auch dabei helfen, das Community Interpreting von seinem karitativ-humanitären Siegel zu befreien, das ihm scheinbar unweigerlich anhaftet (vgl. Bahadır 2000:211).

In diesem Zusammenhang möchte ich noch kurz auf die Begriffsbezeichnung als solche eingehen, die für eine erste deskriptive Herangehensweise sinnvoll war, sich aber im Zuge einer Professionalisierungsstrategie als hinderlich erweisen könnte. Im Handbuch Translation (Snell-Hornby *et al.* 1998) heißt es zum Community Interpreting (CI):

---

[7] Insbesondere Pöchhacker etablierte „intrasozietär" als Gegenbegriff zum internationalen Konferenz- und Verhandlungsdolmetschen.

[8] Weitere Bezeichnungen (mit jeweils unterschiedlichem Bedeutungsspektrum) sind im angelsächsischen Raum „public service interpreting", „dialogue interpreting", „liaison interpreting", „health care interpreting", „medical interpreting", „language brokering", „culture brokering" und „ad hoc interpreting". In Österreich spricht man inzwischen von „Kommunaldolmetschen"; in Deutschland auch von „Behördendolmetschen", „medizinisch-sozialem Dolmetschen", „Sprachmittlung" und „Kulturmittlung".

„Es wird damit das Dolmetschen für Einzelpersonen oder Kleingruppen (Familien) bezeichnet, meist Einwanderer, Flüchtlinge oder Wanderarbeiter, für Gespräche bei Behörden und Sozialämtern, auch in Schulen, im Gesundheitswesen usw., des Aufnahmelandes. In den USA entstand er in Anlehnung an community work, d. h. unbezahlte Dienstleistungen verschiedener Art durch Laien."

Auch wenn diese Assoziation im Deutschen nicht automatisch erfolgen wird, ist gerade die mangelnde Professionalisierung also ein Charakteristikum des Terminus CI. Deutlich wird dies unter anderem darin, dass das Gerichtsdolmetschen i. d. R. nicht dazu gezählt wird[9], da es hierfür gesetzliche Regelungen und Berufsorganisationen gibt und zumindest offiziell ein höherer Anspruch an die Qualifikation des Dolmetschers gestellt wird.[10] Dennoch werde ich den Begriff im weiteren Verlauf der Arbeit verwenden, da sich bisher kein anderer etabliert hat.

Innerhalb der Dolmetscherzunft besteht nach wie vor eine klare Hierarchie zwischen den Dolmetschtypen, was dazu führt, dass sich Konferenzdolmetscher und „Community Interpreter" nicht als Kollegen, sondern als fremde Berufsgruppen ansehen. Moazedi (2006:80ff.) spricht gar von „Kommunal-Samaritern" als Gegenstück zu „Konferenz- und Verhandlungs-Samurai", worin sich Merkmale wie Prestige, Vergütung, Status der Klienten und damit verbunden auch Vorurteile zu Persönlichkeitstypen von Dolmetschern spiegeln. Neben diesen Unterschieden, die vorwiegend der fehlenden Professionalisierung geschuldet sind, gibt es weitere spezifische Merkmale des CI, die im Rahmen der vorliegenden Arbeit relevant und in der Tätigkeit selbst begründet sind. Dazu gehören die Voraussetzung, dass beide Sprachen aktiv beherrscht werden müssen, und die Tatsache, dass zwischen den Gesprächspartnern eine asymmetrische Verteilung hinsichtlich (Vor-)Wissen und Macht besteht. Daraus ergeben sich Folgen für die Rolle des Dolmetschers, die im Konferenzsetting nicht von Belang sind. Der Dolmetschmodus muss hingegen kein klares Unterscheidungskriterium sein, da im CI häufig je nach Situation zwischen den Modi gewechselt wird und beispielsweise Simultandolmetschen in der Form des Flüsterdolmet-

---

[9] Eine Ausnahme bildet Schweden, wo Gerichtsdolmetschen ein Subtyp des CI ist. Dort sind allerdings alle Bereiche des CI weitgehend professionalisiert (vgl. Slapp 2004).
[10] Die trotz allem gängige fragwürdige Praxis, „Sprachkundige" ad hoc zu beeidigen, wenn nicht rechtzeitig an die Beiziehung eines professionellen Dolmetschers gedacht wurde, wird z. B. bei Balaei (2004) ausführlich behandelt.

schens gar nicht so selten ist, wie in der Vergangenheit mitunter vereinfachend behauptet wurde.

Die Forschung zum CI wurde in jüngerer Zeit auch durch die von der Universität Graz geförderte Vernetzung mit der Forschung zum Gebärdendolmetschen bereichert. Hinsichtlich der Settings sind viele Gemeinsamkeiten festzustellen. Innerhalb der (deutschen) Translationskultur ist das Gebärdendol-Gebärdendolmetschen m. E. etwas anders verankert, da es sich zwar ebenfalls um eine Dienstleistung für eine Minderheit handelt, deren Berechtigung aber weniger infrage gestellt wird. Beim Lautsprachendolmetschen in Gesprächen mit Migranten kommen Widerstände ins Spiel, die darauf gründen, dass eigentlich die Beherrschung der deutschen Sprache und eine kulturelle Anpassung erwartet werden. Dieser implizite Vorwurf kann Gehörlosen nicht gemacht werden. Für eine Beschäftigung mit den dennoch vorhandenen und zum Teil sehr spezifischen Problemen des Gebärdendolmetschens sei an dieser Stelle auf die Arbeiten von Nadja Grbić verwiesen. Festzuhalten bleibt, dass die Integration des Gebärdendolmetschens in die Translationswissenschaft ein sinnvoller Schritt ist, insbesondere bei Interesse an einem stärkeren Fokus auf intrasozietäre Formen des Dolmetschens.

Als Subdisziplin der angewandten Translationswissenschaft bewegt sich die CI-Forschung in einem Spannungsfeld zwischen normativen und deskriptiven Fragestellungen. Methodisch erstreckt sich das Spektrum von qualitativen Interviews über Fallbeispiele und Feldforschungsprotokolle bis zu quantitativen Erhebungen. Es wird sowohl die Perspektive der Nutzer, als auch die der Dolmetscher untersucht. Eine umfassende Zustandsbeschreibung des CI in Deutschland wurde erstmals 2004 von Ashley M. Slapp geliefert. In der internationalen Forschung werden unterschiedliche Ansätze verfolgt, da z. B. in Schweden schon lange professionelle Dolmetscher eingesetzt werden, sodass andere Aspekte untersucht werden (können). Dazu zählen beispielsweise Fragen nach der Gesprächskoordination durch Dolmetscher oder nach der angemessenen Rolle zwischen reiner Sprachmittlung und „advocacy". Aus anderen Ländern gibt es Studien, die sich auf Laiendolmetscher und deren Fehler konzentrieren bzw. diese mit professionellen Dolmetschern vergleichen. Einen weiteren Schwerpunkt bilden Konzepte für Ausbildungsprogramme mit dem Ziel einer Professionalisierung.

Ein Blick in die einschlägige Literatur lässt erkennen, dass Şebnem Bahadır und Dörte Andres (Universität Mainz/Germersheim) in Deutschland bisher die einzigen Translationswissenschaftlerinnen sind, die sich kontinuierlich mit dem Forschungsbereich CI beschäftigen. In ihren Publikationen werden vornehmlich Fragen zu möglichen (universitären) Ausbildungsprogrammen für Fachdolmetscher in verschiedenen gesellschaftlichen Bereichen erörtert. Hinzu kommt eine steigende Zahl von Diplom- und anderen Qualifizierungsarbeiten, die jedoch schwer zugänglich sind.

Das CI ist somit in der deutschen Translationswissenschaft nach wie vor ein stark vernachlässigtes Forschungsgebiet. Aufgrund der vielfältigen Erscheinungsformen von Translation im Rahmen des CI bietet es ein großes Potenzial an neuen Forschungsfragen, wie im Folgenden dargestellt wird.

1.2 Verständigungsprobleme und Dolmetschbedarf jenseits von Konferenzen und Verhandlungen

Im internationalen Kontext wurde der Bedarf an Verständigung über Sprachgrenzen hinweg schon vor langer Zeit erkannt. Aus dem politischen Rahmen, für den die EU ein repräsentatives Beispiel ist, sind professionelle Konferenzdolmetscher nicht mehr wegzudenken. Auch im Bereich der Wissenschaft stieg mit dem Interesse an internationalem Austausch der Bedarf an (Simultan-)Dolmetschern auf Konferenzen. Ebenfalls traditionell wichtige und prestigeträchtige Akteure sind Verhandlungsdolmetscher in Diplomatie und Wirtschaft.

In der intrasozietären Verständigung hingegen wuchs der Bedarf erst mit einer Ausweitung der Migrationsbewegungen. Auch ist er von Land zu Land unterschiedlich. Festzuhalten ist zunächst, dass Menschen, die sich vorübergehend oder dauerhaft in Deutschland aufhalten und die deutsche Sprache nicht oder nur unzureichend beherrschen, bei jedem Kontakt mit der deutschen Gesellschaft auf Kommunikationsbarrieren stoßen. Davon sind sämtliche Bereiche des Alltags betroffen: Wohnen (Wohnungssuche, Kontakt zur Hausverwaltung), Unterhaltung (Fernsehprogramme, Zeitungen), Schule (Anmeldung, Elternabende), Gesundheit, Arbeit (Bewerbungen, Arbeitsgespräche), Einkaufen, Finanzen

(Gespräche mit der Bank, Rechnungen), Juristisches (Polizei, Anwalt, Gericht) usw.

Der Bedarf an intrasozietären Dolmetschleistungen ist somit enorm. Allerdings wird die Verantwortung für die Überwindung der Sprachbarrieren dem des Deutschen nicht (ausreichend) mächtigen Individuum zugeschrieben, wobei ein möglichst schnelles Erlernen der deutschen Sprache in der öffentlichen Debatte als beste und nachhaltigste Lösung angesehen wird. Eine Ausnahme bildet lediglich das Justizwesen, in dem bei Bedarf ein Anspruch auf einen Dolmetscher besteht. Selbst dieser Anspruch bezieht sich jedoch vornehmlich auf Strafverfahren.

Das Simultandolmetschen wurde von Pöchhacker (1994) als „komplexes Handeln" betitelt. Die situativen Charakteristika des CI legitimieren m. E. eine Ausweitung dieser Bezeichnung auf das Dolmetschen insgesamt. Betrachtet man die Besonderheiten des Dolmetschens in Behörden und Institutionen, so fallen zunächst zusätzliche Erschwernisse durch andere Rahmenbedingungen auf. Neben den für alle Situationen geltenden potenziellen Problemen wie Geschwindigkeit, Akzent, Fachsprache oder fehlenden Vorbereitungsmöglichkeiten kommt häufig eine schlechte Akustik hinzu sowie Hintergrundgeräusche und erhöhter Zeitdruck, da das Dolmetschen in der Regel nicht eingeplant wird. Die Gesprächspartner haben unterschiedliche Interessen, Grund für das Gespräch ist häufig eine Krise (z. B. Krankheit) und die Situation birgt ein gewisses Risiko, das durch kulturelle Differenzen noch erhöht wird. Zudem besteht zwischen den Parteien, wie erwähnt, ein Machtgefälle, das die Interaktion beeinflusst (vgl. Cambridge 1999:209).

Kommunikationsstörungen können in diesen institutionalisierten Settings auch von den primären Gesprächspartnern verursacht werden, da diese in der Regel wenig Erfahrung im Umgang mit gedolmetschten Gesprächen haben. So neigen z. B. viele Ärzte dazu, in der dritten Person über die Patienten zu sprechen, anstatt sie direkt anzusprechen (vgl. z. B. Rehbein 1985). Das erzeugt eine Distanz und fördert zugleich die Tendenz von Laiendolmetschern, als eigenständige Gesprächsaktanten zu agieren. Professionelle Dolmetscher können hier aktiv ihre Kompetenzen einbringen und die Direktheit der Interaktion zwischen Arzt und Patient fördern. Die Anwesenheit einer kompetenten dritten Person ist eine wertvolle Ressource, die einen migrationsspezifischen Zugang zu einer Behandlung ermöglichen und die Effizienz des Gesprächs erhöhen kann. Dennoch wird ein Dolmetscher von vielen als Störfaktor wahrgenommen (vgl. Weiss/Stuker 1999:260f.). Da hier – anders als in Konferenzen und Verhandlungen – bisher nur selten professionelle Dolmetscher eingesetzt werden, lässt sich nicht sagen, ob diese Ablehnung gegen die triadische Interaktion als solche gerichtet ist oder aus schlechten Erfahrungen mit Laien resultiert.

1.3 Laiendolmetscher: „Kommunikationskrücken"[11] für den Alltag

Bei der Überwindung von Kommunikationsbarrieren sind Menschen, die die Landessprache nicht oder nur unzureichend sprechen, auf Hilfe angewiesen. Die fehlende Möglichkeit, sich verbal verständlich zu machen, wird von vielen Migranten als großes Handicap empfunden. Wenngleich die Ursachen nicht vergleichbar sind, befinden sich sprachlich eingeschränkte Menschen im Kontakt mit der Gesellschaft in einer ähnlichen Situation wie Gehörlose. Der Zugang zu wesentlichen Bereichen des Lebens ist erschwert, was ein Interviewpartner von Worthy (2006) mit einer Behinderung verglich: „just like missing an arm, like swimming with only one hand" (zit. nach Araujo 2008:13).

Wer, anders gesagt, nur auf einem Bein gehen kann, braucht eine Krücke. Im Alltag werden viele Migranten mit unzureichenden Deutschkenntnissen daher von verschiedenen Laiendolmetschern unterstützt, in erster Linie von Familienangehörigen und Bekannten. In einigen Fällen wird vonseiten der Institution, in der das Gespräch stattfindet, jemand gestellt, der beide benötigten Sprachen spricht (z. B. Krankenhauspersonal). Vertreter von Asylverbänden und anderen NGOs engagieren sich ehrenamtlich dafür, eine Verständigung zu ermöglichen, indem sie Migranten zu wichtigen Terminen begleiten. Manchmal sind es auch zufällig anwesende Personen, die das Dolmetschen übernehmen. Allen gemeinsam ist, dass sie für die translatorischen Aufgaben nicht ausgebildet sind. Denn entgegen der verbreiteten Annahme ist Bilingualität bzw. Bikulturalität nicht mit translatorischer Fähigkeit gleichzusetzen.

---

[11] Der Ausdruck „Kommunikationskrücken" geht auf Bahadır (2000) zurück.

Bereits die Sprachkenntnisse können sehr unterschiedlich ausfallen, Gleiches gilt für das institutionelle Wissen und das Fachwissen. So kann z. B. eine Krankenschwester, die im Krankenhaus als Dolmetscherin einspringt, vermutlich gut mit den medizinischen Sachverhalten umgehen. Ebenso können Familienangehörige oder Bekannte beim Dolmetschen im Vorteil sein, wenn sie durch ihr Verhältnis zum Patienten/Klienten über Vorwissen verfügen. Zusätzlich nötige Kompetenzen (s. 2.2.1) fehlen jedoch beiden, und sowohl das fachliche als auch das persönliche Vorwissen kann zu einer Rollenkonfusion führen (vgl. z. B. Pöchhacker 2000a).

Aufgrund fehlender Standards bestehen große Unklarheiten bzw. sehr unterschiedliche Vorstellungen in Bezug auf die Rolle von Dolmetschern im medizinischen und sozialen Bereich. Die Konzepte für den „Dialog zu dritt" variieren hinsichtlich der aktiven Gestaltung des Gesprächs durch die dolmetschende Person. Weiss und Stuker (1999) listen vier Kategorien auf: Wortwörtliche Übersetzung, Kulturelle Vermittlung, Patienten-Fürsprache und Co-Therapie. In der meist unreflektierten Arbeit von und mit Laiendolmetschern kommt es häufig zu einer Vermischung dieser Konzepte, was die triadische Interaktion sehr undurchsichtig macht.

Dass verschiedene Arten von Laiendolmetschern einen Großteil des Kommunikationsbedarfs innerhalb einer multikulturellen Gesellschaft decken, ist für die Translationswissenschaft nicht zuletzt vor dem Hintergrund einer Stärkung des Berufsstandes der Dolmetscher von Interesse. Innerhalb der Forschung zum Community Interpreting hat sich die Dolmetschwissenschaft in erster Linie auf den medizinischen Bereich konzentriert. Zum einen ist es einer der Bereiche, in denen am meisten gedolmetscht wird, zum anderen ist hier die Relevanz der Qualität besonders offensichtlich. Bereits 1984 konstatierte Shackman aus Sicht der Medizin, der Einsatz von Laiendolmetschern sei nur als kurzfristige Maßnahme in der Notfallambulanz vertretbar (zit. nach Cohen *et al.* 1999:165).

1.4 Translationswissenschaft als Interdisziplin

Die Translationswissenschaft als eigenständige Disziplin (und insbesondere die Dolmetschwissenschaft) ist sehr jung. Sie hat sich aus verschiedenen anderen Disziplinen wie der Linguistik herausgebildet und weist mit diesen viele Überschneidungen auf. Seit dem Paradigmenwechsel hin zu einer funktionalen Translationstheorie und der Auffassung, dass Übersetzen und Dolmetschen „translatorisches Handeln"[12] bedeutet, wächst zudem die Schnittmenge mit verschiedenen Gesellschaftswissenschaften. Für das stark handlungs- und gesellschaftsbezogene Thema der vorliegenden Arbeit ist dies von Interesse, da sich verwandte und auch fremde Disziplinen als ergiebige Quellen erweisen können.

Aufgrund der komplexen Zusammenhänge der mehrsprachigen Interaktion im Krankenhaus haben sich zahlreiche andere Disziplinen mit dem Thema beschäftigt. Da die Interdisziplinarität eine wesentliche Basis für die vorliegende Arbeit darstellt, werden im Folgenden kurz die Disziplinen skizziert, auf deren Ergebnisse im Rahmen dieser Arbeit zurückgegriffen wird.

Vom Standpunkt der Kommunikationswissenschaft untersucht Wadensjö (z. B. 1992) die Besonderheiten der Interaktion im p r o f e s s i o n e l l gedolmetschten Gespräch. Daran angelehnt findet sich bei Pöchhacker (2000a; 2000b) ein konkretes Fallbeispiel, anhand dessen mit diskursanalytischen Mitteln explizit das Verhalten einer L a i e n dolmetscherin untersucht wird. Das Interesse gilt vor allem den Gesprächsrollen, die das Mädchen einnimmt. Obgleich die deskriptive Analyse im Zentrum steht, wird dennoch aufgezeigt, an welchen Stellen die Kommunikation nicht funktioniert, weil die Dolmetscherin ihrer Rolle nicht gerecht wird. Insofern liefert die Analyse auch Ergebnisse für eine Bewertung der Dolmetschqualität im funktionalen Sinne. Aus der Linguistik stammen Arbeiten, die den Charakter der Arzt-Patienten-Kommunikation allgemein beleuchten sowie den Einfluss verschiedener Dolmetschverfahren auf den Verlauf und die Funktionalität des Gesprächs untersuchen (z. B. Rehbein; Meyer). Das Interesse der Medizinsoziologie an einer Analyse von gedolmetschten Gesprächen richtet sich wiederum auf die Auswirkungen von gelungener oder misslungener Kommunikation auf die Gesundheit. In dieser Disziplin wird die Tätigkeit gewöhnlich nicht als Community Interpreting, sondern als „medizinisch-soziales Dolmetschen" bezeichnet.[13]

---

[12] Die Theorie vom „translatorischen Handeln" wurde von Holz-Mänttäri (1984) entwickelt (vgl. Pöchhacker 2000a:128f.).
[13] Die geringe Bekanntheit des Begriffs Community Interpreting außerhalb der translationswissenschaftlichen Sphäre kann m. E. als Indiz für die mangelhafte interdisziplinäre Vernetzung angesehen werden.

Weniger sprach-, sondern primär gesellschaftsbezogene Forschungsergebnisse stammen aus den Bereichen Gesundheitswissenschaft (*public health*) und Migrationsforschung. Sie liefern wichtige Erkenntnisse zum Umgang mit Verständigungsproblemen und zum Dolmetschbedarf. Die Psychologie beschäftigt sich u. a. mit den Auswirkungen belastender Gespräche auf die Dolmetscher. Speziell zu Kindern äußert sich beispielsweise der Psychiater Kuljuh (2003), wobei der Fokus seiner Arbeit auf der Situation dolmetschender Flüchtlingskinder liegt.

Einen ersten konkreten interdisziplinären Ansatz verfolgen Meyer *et al.* (2003) mit der Auswertung des Transkriptes eines gedolmetschten Aufklärungsgesprächs aus Sicht der Linguistik, der Dolmetschwissenschaft und der Gesundheitswissenschaft.

Wie unter 1.1 dargestellt wurde, ist die translationswissenschaftliche Beschäftigung mit dem Community Interpreting in Deutschland sehr gering. In Österreich gaben die Ergebnisse einer WHO-Studie (Pöchhacker 2000a) Ende der 90er Jahre den entscheidenden Impuls für eine intensivere Beschäftigung mit dem CI. Während die Erhebung von Daten zum Verständigungsbedarf und zur Dolmetschpolitik im Gesundheitswesen dort von der Translationswissenschaft übernommen wurde, liegen für Deutschland aus der Migrationsforschung und der Gesundheitswissenschaft bereits Ergebnisse vor. Es erscheint daher sinnvoll, zunächst aus den vorhandenen Ergebnissen Nutzen für die Translationswissenschaft zu ziehen. Dieser Aufgabe ist das folgende Kapitel gewidmet.

© Frank & Timme   Verlag für wissenschaftliche Literatur

2. Dolmetschen im Gesundheitswesen

2.1 Verständigung in der medizinischen Versorgung von Migranten

In Deutschland leben derzeit rund 16 Millionen Menschen mit Migrationshintergrund[14], was einem Bevölkerungsanteil von knapp 20 Prozent entspricht (Böhmer 2010:7,14). Diese Gruppe ist sehr heterogen[15] und kann hinsichtlich der Kenntnisse der deutschen Sprache nicht einheitlich behandelt werden. Die Zahlen machen jedoch deutlich, dass das Thema der vorliegenden Arbeit keine Randerscheinung ist, sondern Deutschland als Zuwanderungsland zu betrachten ist und wie andere Länder, die sich schon länger als solches sehen, Lösungen für Verständigungsprobleme in wichtigen Lebensbereichen finden sollte. In den klassischen Zuwanderungsländern gehören migrationssensible Konzepte im Gesundheitsbereich inzwischen zum Standard guter Praxis (vgl. Borde 2010:41).

In Berlin machen melderechtlich registrierte Ausländer aus insgesamt 190 Staaten 13,5 % der Bevölkerung aus.[16] Je nach Bezirk beträgt der Anteil der ausländischen Bevölkerung zwischen 4 % und 33 %. Die Ortsteile mit einem Anteil von über 25 % sind Neukölln und Kreuzberg sowie Tiergarten, Hansaviertel, Moabit, Wedding und Gesundbrunnen (Bezirk Mitte) (Amt für Statistik 2011a, per 31. 12. 2010). Statistiken, die mit dem erweiterten Begriff der „Menschen mit Migrationshintergrund" operieren, weisen für diese berlinweit einen Anteil von 25,7 % auf.[17] In einigen Ortsteilen haben weit mehr als 50 Prozent der Bevölkerung einen Migrationshintergrund (Amt für Statistik 2011b, per 31. 12. 2010).

---

[14] Laut Bevölkerungsstatistik zählen zu den Personen mit Migrationshintergrund „alle nach 1949 auf das heutige Gebiet der Bundesrepublik Deutschland Zugewanderten sowie alle in Deutschland geborenen Ausländer und alle in Deutschland als Deutsche Geborenen mit zumindest einem zugewanderten oder als Ausländer in Deutschland geborenen Elternteil".

[15] Kategorien von Migration sind kurz- und langfristige Zuwanderung von Arbeitskräften, Flucht- und Armutsmigration, Pendelmigration, Ost-West-Migration innerhalb der EU, irreguläre Migration, Transmigration (als Zwischenstation zum eigentlichen Zielland) und Familienzusammenführung (vgl. Borde 2010:42).

[16] Nicht gezählt werden beispielsweise Aussiedler, da sie die deutsche Staatsangehörigkeit erhalten.

[17] Hier werden erstmals auch Kinder von Zuzüglern aus der ehemaligen Sowjetunion erfasst.

In Berliner Arztpraxen und Krankenhäusern gehört die Versorgung von Migranten somit seit Langem zum Arbeitsalltag, wie auch aus gezielten Erhebungen ersichtlich wird. Wagner und Marreel (1998) untersuchten die ambulante gesundheitliche Versorgung von Migranten in Berlin-Kreuzberg aus Sicht der niedergelassenen Ärzte.[18] Alle 144 befragten Ärzte behandeln Patienten nicht-deutscher Herkunft. Deren Anteil liegt im Mittel bei 40,5 %, wird je nach Praxis aber sehr unterschiedlich beziffert. Immerhin 14 % geben an, Migranten machten 70 % bis 98 % der Patienten aus. Ärzte nicht-deutscher Herkunft versorgen gemäß der Erhebung prozentual fast doppelt so viele Migranten wie deutsche Ärzte. Auf die Frage nach der Herkunft der Patienten werden 51 verschiedene Länder genannt (Wagner/Marreel 1998:52f.). Von den medizinischen Fachrichtungen weist die Pädiatrie den höchsten Migrantenanteil auf, was sich mit den demografischen Daten deckt, denen zufolge in Familien mit Migrationshintergrund überdurchschnittlich viele Kinder leben (ebd.:82).

Abgesehen davon, dass die Deutschkenntnisse innerhalb dieser Bevölkerungsgruppe erheblich variieren, kommen die Migranten aus unterschiedlichen Kulturen, leben in unterschiedlichen Milieus und haben darüber hinaus ihre individuellen Werthaltungen, weshalb pauschale Aussagen über Migration und Gesundheit nicht möglich sind (vgl. Knipper/Bilgin 2009:6f.). Bisher durchgeführte Studien lassen allerdings erkennen, dass die offiziell angestrebte Versorgungsgerechtigkeit[19] durch das Gesundheitssystem nicht ausreichend gewährleistet wird. Mit dem Bewusstsein um die Grenzen einer Generalisierung werden daher im Folgenden allgemeine Defizite in der medizinischen Versorgung von Migranten dargestellt. Dies dient als Grundlage, um später auf die Kommunika-

---

[18] Drei Studien, auf die ich mich in diesem Kapitel häufig beziehe (Hellbernd 1996; Pochanke-Alff 1997; Wagner/Marreel 1998), wurden vor mehr als zehn Jahren durchgeführt und es ist anzunehmen, dass sich seither einiges verändert hat. Da die allgemeinen Fakten von neueren Erhebungen bestätigt werden, erscheint mir die Verwendung der Studien dennoch vertretbar, zumal sie besonders detaillierte Ergebnisse liefern.

[19] Grundlagen für in diesem Bereich relevante rechtsethische Fragen bilden u. a. die Europäische Sozialcharta von 1961 (Art. 11, Recht auf Gesundheitsschutz), das Menschenrechtsübereinkommen zur Biomedizin von 1996 (Art. 3, gleicher Zugang zur Gesundheitsversorgung), die Charta der Grundrechte der Europäischen Union von 2000 (Art. 21, Anti-Diskriminierung und Art. 22, kulturelle, religiöse und sprachliche Vielfalt), die „Richtlinie zur Anwendung des Gleichheitsgrundsatzes ohne Unterschied der Rasse oder ethnischen Herkunft" (Richtlinie 2000/43/EC) sowie die Patientenrechte in Deutschland (vgl. Borde 2010:43f.; Pöllabauer 2003:25). Auch aus dem Selbstbestimmungsrecht eines jeden Menschen (Art. 2 GG) kann ein Recht auf Information abgeleitet werden (vgl. Mane 2004:62).

tion als eine der Ursachen für die Defizite und als Ansatzpunkt für Verbesserungen eingehen zu können.

2.1.1 Defizite in der medizinischen Versorgung von Migranten

In Deutschland haben nicht alle Bevölkerungsgruppen in gleichem Maße Zugang zur medizinischen Versorgung. Als eine von diversen benachteiligten Gruppen werden die hier lebenden Migranten angesehen. Im Folgenden sollen nicht primär die Benachteiligungen, sondern vorwiegend Unterschiede in Bezug auf den Gesundheitszustand und die Inanspruchnahme der Versorgungseinrichtungen verdeutlicht werden.

Hinsichtlich der demografischen Altersverteilung unterscheidet sich die Gruppe der Migranten deutlich von der einheimischen Bevölkerung. Im Durchschnitt sind sie wesentlich jünger und weisen somit ein anderes Krankheitsprofil auf. Beispielsweise ist die Häufigkeit von Krebserkrankungen bisher geringer (vgl. Knipper/Bilgin 2009).

Die medizinische Versorgung von Migranten zeichnet sich sowohl durch Unterversorgung, als auch durch Überversorgung und Fehlversorgung aus (vgl. Mane 2004). Unterversorgung betrifft vor allem die Bereiche Prävention und Aufklärung. Überversorgung äußert sich in der Verordnung von Medikamenten, denen kein eindeutiger Befund zugrunde liegt. Auch Fehlversorgung impliziert viele unnötige Medikamente und Therapiemaßnahmen. Hier kommt hinzu, dass die eigentliche Krankheit nicht behandelt wird, wodurch sich das Risiko einer Chronifizierung erhöht. Außerdem können falsche Medikamente zu Nebenwirkungen und neuen Krankheiten führen (vgl. ebd.:60).

Insgesamt ist die Gesundheitsgefährdung bei Migranten diversen Studien zufolge nachweislich höher als bei Einheimischen. Diese

> „beginnt bei der Sterblichkeit und Krankheitsrate von Säuglingen und reicht über Morbidität im Kindesalter (psychosomatische Befindlichkeitsstörungen, Infektionskrankheiten, Unfälle) bis zu Erkrankungen im Erwachsenenalter (Unfälle, psychosomatische Befindlichkeitsstörungen, Magen-Darm-Erkrankungen, Erkrankungen des Skelett- und Stützsystems)" (Salman 2003, zit. nach Pöllabauer 2003).

Dabei geht es überwiegend nicht um „exotische" Krankheiten, deren Behandlung durch fehlende Erfahrung oder Medikamente erschwert würde (vgl. Zimmermann 2000:9). Die Ursachen für die Unterschiede sind also woanders zu verorten.

Der zum Teil niedrige sozioökonomische Status hat häufig chronische Krankheiten aufgrund von Ernährungsfehlverhalten und Bewegungsmangel zur Folge. Das trifft auf deutsche Familien aus „bildungsfernen Schichten" ebenso zu, doch in der Bevölkerung mit Migrationshintergrund ist der Anteil von Menschen in sozial prekären Lebensverhältnissen besonders hoch (vgl. Böhmer 2010:17). Durch Übergewicht steigen die Risiken für Herzinfarkt, Schlaganfall und Diabetes. Insbesondere Diabetes-Patienten haben überproportional häufig einen Migrationshintergrund (vgl. Knipper/Bilgin 2009:7).

Der Prävention wird in vielen Ländern weniger Bedeutung beigemessen als in Deutschland, weshalb diese Leistungen von Zugewanderten nur selten in Anspruch genommen werden und häufig gar nicht bekannt sind (vgl. ebd.:6f.). Hier ist ebenfalls der durchschnittlich niedrigere Bildungsgrad ein Grund dafür, dass Informationen über gesundheitliche Angebote besonders die Frauen oftmals nicht erreichen. Das gilt beispielsweise für die Schwangerschaftsvorsorge oder die Kariesprophylaxe (auch bei Kindern). Die meisten suchen also erst dann einen Arzt auf, wenn es bereits ernste gesundheitliche Probleme gibt.

In der konkreten Versorgung führen Schwierigkeiten bei der Anamnese dazu, dass ein Patient von einem Arzt zum nächsten überwiesen wird und es zu einer teuren und wenig effektiven Endlosdiagnostik kommt. Unterstützt wird dieser Prozess durch die mitunter sehr hohen Erwartungen ausländischer Patienten an das deutsche Gesundheitssystem und dessen technische Möglichkeiten. Werden diese bei einem Arzt nicht erfüllt, wendet man sich hoffnungsvoll an den nächsten (Stichwort Ärztehopping) (vgl. Knipper/Bilgin 2009:6f.).

In einer internistischen Poliklinik ergaben die Nachuntersuchungen von herzkranken türkischen Patienten, dass „die Klinikbefunde mit den Einweisungsdiagnosen nur zu rund 35 % übereinstimmten, bei deutschen Patienten hingegen zu über 70 %" (Allaoui 2005:19). Notfallpatientinnen nicht-deutscher Herkunft wurden nach einer unvollständigen Anamnese, die auf Kommunikationsprobleme schließen lässt, dreimal häufiger stationär aufgenommen als deutsche Patientinnen, was unter anderem mit hohen Kosten verbunden ist (vgl. Borde 2003:45f.). Eine Ärztin an der Berliner Charité berichtet sogar von Situationen, in denen Ärzte Patienten mit Migrationshintergrund von vornherein abgelehnt hätten, da die Behandlung umständlicher, aufwendiger und anstrengender sein könnte und viel Zeit kosten würde (vgl. Ziegler 2011). Hinzu kommt, dass Migranten, die nicht so gut mit dem deutschen Gesundheitssystem vertraut sind, häufig Notfallambulanzen anstelle der Einrichtungen für die Regelversorgung aufsuchen, womit sie bei den Ärzten zusätzlich auf Ablehnung stoßen (vgl. Babitsch *et al.* 2008).

Einige jüngere Untersuchungen kommen zu dem Schluss, dass Migranten generell nicht häufiger krank sind als die Bevölkerung ohne Migrationshintergrund (vgl. Böhmer 2010:14). Mögliche Benachteiligungen durch das Gesundheitssystem scheinen demnach nicht gravierend zu sein. Ein genauerer Blick auf die Daten zeigt jedoch, dass die relativ gute Gesundheit der Migranten auf den oben erwähnten jungen Altersdurchschnitt zurückzuführen ist. Mit zunehmendem Alter, so die Vermutung der Gesundheitswissenschaftler, werden viele häufiger erkranken und zudem mit Krankheiten konfrontiert werden, vor denen sie in ihrem Ursprungsland besser geschützt waren, da sie beispielsweise aus neuen Ernährungsgewohnheiten resultieren (ebd.). Bereits heute ist die Frühberentungsquote bei Migranten deutlich höher als bei Deutschen, was zum Teil auf eine geringere Inanspruchnahme von Rehabilitationsmaßnahmen zurückzuführen ist (vgl. Razum 2010:23f.).

Ein weiteres Defizit ist die statistisch belegte schlechtere Compliance der ausländischen Patienten, also das Befolgen der ärztlichen Ratschläge, eine korrekte Medikamenteneinnahme usw. Als Ursachen werden verschiedene Faktoren vermutet: Zum einen konkrete sprachliche Missverständnisse, zum anderen der Umstand, dass der Sinn der Therapie nicht verstanden wurde, was auch auf einem kulturell bedingt anderen Krankheitsverständnis beruhen kann (vgl. Mane 2004:passim).

Während Präventionsangebote und spezielle Fachärzte (Dermatologie, Orthopädie) vergleichsweise selten in Anspruch genommen werden, ist der Migrantenanteil in den Einrichtungen der Primärversorgung (Allgemein- und Kinderärzte) relativ hoch. Ein großes medizinisches Feld, in dem Migrantinnen überproportional repräsentiert sind, ist die Geburtshilfe (vgl. Kentenich *et al.* 1998:121f.). Beunruhigende Unterschiede zu deutschen Frauen wurden hier vor allem bei Müttern festgestellt, die erst seit relativ kurzer Zeit (weniger als acht Jahre) in Deutschland leben. Die Säuglingssterblichkeit ist bei ihnen laut Gesundheitsberichterstattung doppelt so hoch (Razum 2010:22). Bei längerem

Aufenthalt gleichen sich die Zahlen an, was als Integrationserfolg verbucht werden kann. Gerade die höhere Gefährdung der relativ neu Zugewanderten deutet jedoch darauf hin, dass Versorgungsmängel eng mit Verständigungsproblemen verknüpft sind.

Zu den (Berliner) Gesundheitseinrichtungen, die prinzipiell von Migranten kaum in Anspruch genommen werden, zählen u. a. die AIDS-Prävention und Beratungsstelle für sexuell übertragbare Krankheiten oder die Sucht- und Drogenberatung. Hier spielen vermutlich hauptsächlich kulturelle Barrieren eine Rolle (vgl. Bezirksamt Friedrichshain-Kreuzberg 2006:183ff.). Auch im Bereich der psychosozialen Versorgung liegt die Inanspruchnahme der Einrichtungen durch ausländische Patienten weit unter dem Bevölkerungsdurchschnitt. Dabei kann es durch die Belastungen, die Migrationsprozesse mit sich bringen, leicht zu psychischen Problemen kommen, und es ist davon auszugehen, dass ein hoher Anteil der Erkrankungen von Migranten psychosomatischer Natur ist (vgl. Collatz 1998:passim). Doch gerade in der Psychosomatik stellen Kommunikationsprobleme eine nahezu unüberwindbare Hürde dar, weshalb in diesen Fällen häufig nicht die Krankheitsursachen behandelt werden, sondern lediglich die Symptome gemildert werden können. In einem Behandlungsbericht heißt es: „Aufgrund der Sprachverständigungsschwierigkeiten konzentrierten wir uns auf eine Psychopharmakotherapie [...]" (Förderverein Niedersächsischer Flüchtlingsrat 2004:86f.). Modellprojekte wie das „Verbundmodell" in Frankfurt, das sich auf Verbesserungen in der psychosozialen Versorgung türkischer Migranten konzentrierte, zeigten, dass die Inanspruchnahme von psychiatrischen Einrichtungen durch sprachliche Unterstützung und kultursensible Angebote signifikant erhöht werden kann (Grube 1995:204). Die Studie wies zudem nach, dass bei einer stationären Behandlung die Verweildauer in der Klinik durch das Modellprojekt verkürzt werden konnte und die Zielgruppe der türkischen Patienten gegenüber Patienten anderer Herkunftsnationen im Vorteil war.

Die Erkenntnisse sprechen dafür, dass die Versorgungsmängel zu einem sehr großen Teil im Gesundheitssystem begründet sind. Eine bessere Versorgung wäre demnach möglich. Die sprachliche Verständigung ist dabei ein entscheidender Faktor, und es ist anzunehmen, dass eine Verbesserung der Kommunikationsmöglichkeiten dem gesamten Gesundheitssystem zugutekommen könnte. Sinnvoll wäre daher zusätzliche Forschung mit Modellprojekten, um auch den ökonomischen Nutzen von vermeintlich teuren professionellen Dolmetschleistungen zu prüfen.

Da im weiteren Verlauf der vorliegenden Arbeit allein die kommunikations-bedingten Versorgungsmängel von Belang sind, wird im folgenden Kapitel er-läutert, welche Rolle das Gespräch im oftmals eher als Handwerk eingestuften Arztberuf spielt.

2.1.2 Das Arzt-Patienten-Gespräch als Qualitätsfaktor der Behandlung

Im Rahmen einer allgemeinen Translationstheorie ist das Gespräch als Texttyp der Mündlichkeit einzuordnen. Charakteristisch für Mündlichkeit ist, dass sie immer von den Kommunikationspartnern abhängig ist und die Betrachtung da-her unter situativen Aspekten erfolgen sollte. Das in der vorliegenden Arbeit re-levante medizinische Gespräch zeichnet sich zudem durch die Spezifika der Fachkommunikation aus. Um die Dynamik und Vielschichtigkeit der (dyadi-schen und triadischen) Arzt-Patienten-Kommunikation zu verdeutlichen, werden deren situative Faktoren und fachliche Charakteristika im Folgenden kurz um-rissen.

Das Arzt-Patienten-Gespräch ist durch verschiedene Merkmale gekennzeichnet. Die Gesprächsaktanten kommunizieren i. d. R. nicht auf Augenhöhe, sondern auf verschiedenen Hierarchieebenen. Auf der einen Seite steht der Arzt als Ver-treter einer Institution, der den Rahmen vorgibt, auf der anderen der Patient, dem nicht selten die Rolle eines Bittstellers zukommt. Auch hinsichtlich des Wissens besteht eine Asymmetrie zwischen den Beteiligten (Experte vs. Laie). Sie betrifft sowohl das medizinische Fachwissen als auch das Institutionswissen sowie das Wissen um typische Gesprächsabläufe und wird unter anderem durch den Gebrauch der medizinischen Fachsprache verstärkt (vgl. Meyer 2001:87).

Der Umfang des deutschen medizinischen Wortschatzes wird je nach Quelle mit bis zu 500 000 Termini beziffert. Verwendet werden sowohl lateinische bzw. latinisierte als auch deutsche Fachausdrücke sowie Hybridformen und zu-nehmend auch Anglizismen. Hinzu kommt eine unüberschaubare Zahl von Ab-kürzungen (vgl. Wiese 1998:1279f.). Nach Lippert (1979) wird die medizinische Fachsprache auf drei verschiedenen Ebenen unterschiedlich eingesetzt (zit. nach

Wiese 1998:1278): (a) auf der wissenschaftlichen Ebene (Wissenschaftssprache), (b) in der Kommunikation zwischen Arzt und medizinischem Personal in der Alltagsarbeit (fachliche Umgangssprache), (c) in der Arzt-Patienten-Kommunikation (laienbezogene Sprache). Die häufig alltagssprachlich klingenden deutschen Ausdrücke (z. B. Durchfall, Bluthochdruck usw.) sind für den Arzt ebenfalls Teil der Fachsprache. Er verbalisiert mit diesen Begriffen das Fachwissen, und die zugrundeliegenden Konzepte unterscheiden sich beträchtlich von den Vorstellungen, die bei einem Laien mit dem Begriff assoziiert werden. Auch wenn ein Arzt also versucht, sich durch eine laienbezogene Sprache auf den Patienten einzustellen, ist das Verständnis damit nicht gesichert. Rehbein (1985) betont, dass Personen, die keine gymnasiale Schulbildung hätten, den „laienfreundlichen" Ausführungen des Arztes häufig nicht folgen könnten und das professionelle Wissen des Arztes daher nur einer speziell ausgebildeten gesellschaftlichen Klasse zugänglich sei (ebd.:402).

Aus Sicht des Arztes sind die Gesprächsabläufe zudem in hohem Maße standardisiert und ritualisiert. In der Regel hat er die Macht über den Gesprächsverlauf, da er die relevanten Fragen stellt bzw. über die relevanten Informationen verfügt. Aus Zeitmangel und anderen Gründen muss er strategisch und erfolgsorientiert kommunizieren, was dem oftmals ausgeprägten Mitteilungsbedürfnis der Patienten wenig Raum lässt (vgl. Rehbein 1985).

Die Fachsprache und die anderen Aspekte der Asymmetrie führen somit auch dann häufig zu Kommunikationsstörungen, wenn Arzt und Patient denselben sprachlichen und kulturellen Hintergrund haben. Noch schwieriger wird es indes, wenn weitere Asymmetrien hinzukommen, z. B. kulturelle Unterschiede oder die Tatsache, dass der Arzt zugleich die Mehrheitsgesellschaft vertritt, während der Patient einer Minderheit angehört. Insofern ist dieser Gesprächstyp mit Blick auf den beim Dolmetschen zu leistenden Transfer als äußerst komplex anzusehen, was bei den weiteren Überlegungen zu berücksichtigen ist.

Typische Beispiele für Arzt-Patienten-Gespräche sind Anamnesegespräche, Aufklärungsgespräche, Befundgespräche und Therapievorschläge (vgl. Barkowski 2007:34). Die in der vorliegenden Arbeit betrachteten Studien und Berichte (z. B. Zimmermann 2000; Borde/Albrecht 2007; Deininger 2007) lassen erkennen, dass der erfolgreichen Kommunikation je nach Fachabteilung und Gesprächsart unterschiedliche Bedeutung beigemessen wird. In der Unfallchirurgie beispielsweise kann man nach Meinung einer Ärztin auch mit einem Minimum an Kommunikation zurechtkommen (Hellbernd 1996:53,76). Rechtlich relevant sind jedoch gerade die Aufklärungsgespräche vor invasiven Eingriffen, bei denen das Einverständnis des Patienten – und damit zunächst überhaupt das Verständnis – eine notwendige Voraussetzung für den Eingriff darstellt (s. 2.1.4).

Der Einsatz der Sprache als „medizinisches Instrument" wird im Folgenden exemplarisch anhand des Anamnesegesprächs verdeutlicht. Eine nonverbale Anamnese kenne man eigentlich höchstens aus der Veterinärmedizin, meint dazu ein Medizinsoziologe am UKE Hamburg (vgl. Mane 2004:54). Das Gespräch erfüllt hier die Funktion, Orientierung für die anschließende klinische Untersuchung zu bieten und somit eine Diagnose erstellen zu können. Ohne die Möglichkeit zum verbalen Austausch müsste je nach Erkrankung eine äußerst umfangreiche Untersuchung erfolgen, da keinerlei Anhaltspunkte vorlägen. Die konkreten Kommunikationsziele des Arztes bestehen darin, den Grund der Konsultation zu erfahren, über mögliche Vorerkrankungen informiert zu werden, Zeitpunkt und Umstände des Auftretens der vorliegenden Symptomatik zu klären und zu prüfen, was der Patient bereits dagegen unternommen hat (vgl. Barkowski 2007:35). Die Informationen aus einer sorgfältigen Anamneseerhebung sind Untersuchungen zufolge in 50 % der Fälle für eine Diagnose ausreichend. Zusammen mit einer körperlichen Untersuchung können 80 % der Diagnosen erstellt werden, während nur in 20 % der Fälle eine aufwendigere (technische) Untersuchung erforderlich ist (vgl. Egger 2007:3).

Auch in den weiteren Phasen der Behandlung spielt Kommunikation eine große Rolle. Gerade bei der Medikamentenvergabe sei es ganz wichtig, dass der Patient ihn verstehe, sagt beispielsweise der Leiter eines Schmerzzentrums (vgl. Ziegler 2011). Gesundheitsfördernd ist folglich nicht das Medikament allein, sondern insbesondere auch die Compliance sowie die Fähigkeit und Bereitschaft des Patienten, an seiner Genesung mitzuwirken. Missverständnisse bezüglich der Medikamenteneinnahme können die Gesundheit zudem erheblich gefährden. Bei Krankheiten wie Diabetes, die eine Umstellung des gesamten Ernährungsverhaltens und konsequente Eigenbehandlung (Spritzen von Insulin) erfordern, ist das Verstehen sämtlicher Details lebensnotwendig (vgl. Knipper/Bilgin 2009:8).

Für eine erfolgreiche Behandlung ist die Kooperation zwischen Arzt und Patient eine entscheidende Voraussetzung. Diese wiederum bedarf einer Kommunikationsgrundlage, auf der ein Vertrauensverhältnis aufgebaut werden kann. Die erwähnte Asymmetrie kann vonseiten der Patienten als Mauer wahrgenommen werden, die sich durch Misstrauen und Missverständnisse erhöht, durch gelingende Kommunikation hingegen überwunden werden kann (vgl. Gonzalez-Nava 2009:82). Da gerade in einem medizinischen Gespräch häufig als unangenehm empfundene Fragen gestellt werden müssen, die in die Privat- bzw. Intimsphäre der Patienten eindringen, nutzen Ärzte Gesprächsstrategien, die den Patienten helfen können, ihr Gesicht zu wahren (*„face-work"*[20]). Dies geschieht beispielsweise über sehr vorsichtige oder wertfreie Formulierungen. Zu direkt gestellte Fragen könnten eine Abwehrreaktion hervorrufen, die dazu führt, dass dem Arzt Informationen vorenthalten bleiben (vgl. Cambridge 1999:205). Zwar kann nicht davon ausgegangen werden, dass alle Ärzte diese Strategien beherrschen und anwenden, doch kann es die Kommunikation erheblich beeinträchtigen, wenn diese Elemente in der Verdolmetschung verloren gehen.

Es ist anzunehmen, dass die Vielschichtigkeit der Arzt-Patienten-Kommunikation durch den Einsatz von Kindern und anderen Laien als Dolmetscher auf die reine Inhalts-Ebene reduziert wird (vgl. Cambridge 1999:passim), wodurch die (Be-)Handlungsmöglichkeiten des medizinischen Personals stark eingeschränkt sind. Auf diese Weise verstärken Sprachprobleme den allgemeinen Trend hin zu einer „Labor- und Apparatemedizin" (Zimmermann 2000:12). Während mit aufwendigen technischen Verfahren eine Diagnose noch (begrenzt) möglich ist, kann ein Vertrauensverhältnis ohne Kommunikation nicht entstehen, was u. a. zur Folge hat, dass die Selbstheilungskräfte nicht ausreichend stimuliert werden, da sich die Patienten ausgegrenzt fühlen (ebd.).

---

[20] Der von Erving Goffman geprägte Begriff *„face-work"* (Imagearbeit) bezeichnet Handlungen, die das Bild des Selbst, das Individuen in Interaktionen von sich erzeugen, aufrechterhalten sollen (vgl. Oesterdiekhoff 2001:249).

2.1.3 Verständigungsprobleme als Hauptursachen mangelnder medizinischer Versorgung

Festzuhalten ist, dass die Gesundheitsversorgung von Migranten in Deutschland Defizite aufweist, die u. a. in einem erschwerten Zugang zu medizinischen Einrichtungen begründet sind, und dass eine erfolgreiche Behandlung ohne Kommunikation kaum gelingen kann. Im Folgenden wird konkret auf die Sprachbarrieren eingegangen, die der offiziell angestrebten Versorgungsgerechtigkeit im Weg stehen. Hierbei geht es um die Wahrnehmung von Kommunikationsproblemen und den realen Sprachenbedarf. Die Daten, auf die sich die Ausführungen stützen, stammen überwiegend aus Berlin, sodass für die Aussagen über die Stadt hinaus keine Gültigkeit beansprucht wird.[21]

Bei Wagner und Marreel (1998) äußern sich Berliner Ärzte zu den Gründen für den schlechteren Gesundheitszustand der Bevölkerung mit Migrationshintergrund. Defizite in der Versorgung sehen nur 37,5 % der Befragten; die übrigen machen eher die schlechte wirtschaftliche Situation und soziale Probleme für einen geringen Behandlungserfolg verantwortlich. Die genauere Beschreibung der erkannten Defizite[22] lässt hingegen die herausragende Bedeutung der sprachlichen Verständigung erkennen. Nach Meinung der Ärzte würde eine Lösung der sprachlichen Probleme erheblich zum Abbau dieser Defizite beitragen. Studienübergreifend werden drei Personengruppen genannt, bei denen die Sprachprobleme besonders gravierend sind: Frauen, Personen mit niedrigem Ausbildungs-

---

[21] Insbesondere ist darauf hinzuweisen, dass sich die Situation in ländlichen Gegenden mit großer Wahrscheinlichkeit ganz anders darstellen wird. Dort ist die Sprachenvielfalt geringer und Migranten integrieren sich in der Regel schneller, da die Möglichkeit zur Bildung von Parallelgesellschaften wegfällt. Andererseits kann jedoch nicht in dem Maße auf Netzwerke und fremdsprachige Fachkräfte zurückgegriffen werden, wie es in einer urbanen Gesellschaft der Fall ist. Gerade bei neu Zugewanderten ist daher mit erheblichen Verständigungsproblemen zu rechnen, für die es kaum informelle Lösungswege geben dürfte.

[22] Genannt wurden folgende Defizite: „Sprachprobleme erschweren Diagnose und Behandlung", „Mangel an qualifizierten, auch medizinisch ausgebildeten Übersetzern", „Defizite in der gesundheitlichen Aufklärung und Prävention", „Mangel an kulturspezifischen Behandlungsstrategien", „Mangel im Bereich psychosozialer, psychotherapeutischer und psychosomatischer Versorgung für Migranten (muttersprachlich)", „Mangel an anderen muttersprachlichen, besonders türkischsprachigen, Spezialtherapeuten", „Schwierigkeiten bei der Durchsetzung von Kostenübernahmen für Sozialhilfeempfänger, Asylbewerber und Patienten ohne dauernden Aufenthaltsstatus" sowie „Mangel an leistungsgerechter Honorierung" (Wagner/Marreel 1998:62).

niveau und Personen, die sich erst seit Kurzem im Land aufhalten (vgl. z. B. Blöchliger *et al.* 1997).

Gemäß einer Studie aus dem Jahr 2000 (Frühauf *et al.*), an der bundesweit 35 medizinische Versorgungseinrichtungen teilnahmen, treten besonders in Großstädten zum Teil „sehr große Verständigungsschwierigkeiten" auf. Die Gesprächssituationen, die davon am häufigsten betroffen sind, sind die ärztliche Visite, Anamnesegespräche und Aufklärungsgespräche vor Operationen. Gerade Letzteres wirft, wie unter 2.1.4 näher ausgeführt, auch in rechtlicher Hinsicht erhebliche Probleme auf.

Speziell für Berlin wurden Anfang 2005 von der Senatsverwaltung für Gesundheit, Soziales und Verbraucherschutz Berlin Daten an 39 Krankenhäusern erhoben (Deininger 2007). Im Schnitt geben die befragten Klinikleitungen an, dass bei 5 % der Patienten eine Verständigung nur sehr schwer oder gar nicht möglich sei. Bei ca. 694 000 stationären Fällen treffe dies also auf mindestens 34 000 Patienten pro Jahr zu. Am höchsten sei der Dolmetsch- bzw. Übersetzungsbedarf für die Sprachen Türkisch, Russisch, Arabisch, Englisch und Polnisch, gefolgt von den Sprachen des ehemaligen Jugoslawien und Vietnamesisch. Als Abteilungen, die besonders auf Sprachmittlung angewiesen wären, werden Chirurgie, Innere Medizin, Gynäkologie/Geburtshilfe und Psychiatrie genannt. Unklar bleibt, ob dies auf eine höhere Inanspruchnahme dieser Stationen durch Migranten zurückzuführen ist (vgl. 2.1.1) oder auf die zentrale Bedeutung der Kommunikation in bestimmten Fachgebieten (z. B. Psychiatrie).

Das Ausmaß der Kommunikationsbarrieren zeigt sich in folgender Aussage:

> „Bei ca. 55 % der ambulanten Behandlungen konnten allein aufgrund mangelnder sprachlicher Verständigung (wenig sprachlicher Kontakt sowie Familienangehörige als Dolmetscher) keine optimalen Therapiestrategien entwickelt und die Ressourcen der Patienten nicht ausreichend genutzt werden" (BBFMI 2007:212).

Die Selbsteinschätzung der Migranten liefert ähnliche Zahlen. Nach Hellbernd (1996) liegt der Anteil derer, die ihre Deutschkenntnisse als gut einstufen, bei ca. 40 %. Allerdings variieren die Ergebnisse erheblich je nach Nationalität, Alter bzw. Migrationsgeneration sowie Geschlecht.

Eine weitere Studie an der Berliner Charité kam unter anderem zu dem Ergebnis, dass Patientinnen türkischer Herkunft deutlich schlechter über ihre Diagnose und die bevorstehende Therapie informiert waren als die Vergleichs-

gruppe deutscher Frauen (Borde 2005:52). Interviews mit den Studienteilnehme-
rinnen förderten Aussagen zutage wie „Sie hat gut erklärt, aber ich habe nichts
verstanden", „Mein Mann hat mir alles erklärt, aber ich bezweifle, dass er alles
versteht, was der Arzt gesagt hat", „Wenn du kein Deutsch kannst, nehmen sie
dich gar nicht wahr" oder auch „Die Ärzte werfen uns vor, dass wir kein
Deutsch können, deshalb sagen wir lieber nichts und bleiben sprachlos" (Borde 2010:46).

Hellbernd (1996) konstatiert, dass die Sensibilisierung für die Verständigungsprobleme relativ gering ist und der Bedarf an Dolmetschleistungen langfristig als eher niedrig eingeschätzt wird, wie in der Aussage eines Neurologen
zum Ausdruck kommt:

> „Also, ich habe die Vorstellung, dass in weiteren zehn Jahren die Türken dann doch
> alle Deutsch können. Selbst die Frauen es dann noch irgendwie lernen werden mit
> der Zeit. Es kommen ja nicht mehr so viel Neue" (ebd.:83).

Diese Meinung wurde vor mehr als zehn Jahren geäußert und die Vision hat sich
nachweislich nicht erfüllt. Aus Heiratsgründen kommen immer wieder neue
Frauen und Männer nach Deutschland, hinzu kommen Flüchtlinge unterschiedlicher Herkunft sowie zahlreiche Migranten aus Osteuropa und der ehemaligen
Sowjetunion (vgl. z. B. Pochanke-Alff 2007). Auch die weitere Öffnung des Ar-
beitsmarktes innerhalb der EU dürfte einen Einfluss auf die Sprachenvielfalt in
Deutschland haben. Offensichtlich ist inzwischen, dass sich die Sprachkenntnisse von Zugewanderten nicht automatisch und selbstverständlich mit längerem
Aufenthalt verbessern. Eine weit größere Rolle als die Dauer des Aufenthaltes
spielt der Zugang zum Bildungssystem sowie der Kontakt mit deutschen Muttersprachlern, der für einen erfolgreichen Spracherwerb nicht auf einen sprachlich
stark spezialisierten Kontext beschränkt sein sollte. Hier kommen grundlegende
Mängel in der Integration ins Spiel, die umfassende und langfristig angelegte
politische Lösungen erfordern.

2.1.4 Gegenwärtige Translationspolitik

An Belegen für den Bedarf an Dolmetschleistungen fehlt es somit nicht. Wie
dieser Bedarf derzeit gedeckt wird, ist Gegenstand des folgenden Kapitels. Nach
den allgemein anerkannten ethischen und juristischen Standards (s. Fußnote 19

auf S. 26) darf die Qualität der medizinischen Behandlung nicht von den individuellen Deutschkenntnissen eines Patienten abhängig gemacht werden. Daher muss in irgendeiner Weise für eine gelingende Kommunikation Sorge getragen werden. Die bisher durchgeführten Studien zur Häufigkeit des Einsatzes verschiedener Kategorien von Dolmetschern zeigen übereinstimmend, dass der Großteil der Dolmetschleistungen im Gesundheitswesen von Familienangehörigen erbracht wird. An zweiter Stelle steht fremdsprachiges Krankenhauspersonal (vgl. z. B. Hellbernd 1996; Ledyaikina *et al.* 2007; Borde 2005; Schultz 2007). Der in Berlin eingerichtete Gemeindedolmetschdienst (s. 4.2.1) ist eher wenigen Ärzten bekannt und wird nicht flächendeckend in Anspruch genommen.[23]

Laut Deininger (2007) besteht der gegenwärtige Umgang mit Verständigungsproblemen in Berliner Krankenhäusern überwiegend in der Nutzung eines klinikinternen „Pools" an fremdsprachigem Personal und in der Beiziehung von externen Dolmetschern (je 29 von 39 Kliniken). Allerdings wurde hier nicht weiter differenziert. Das heißt, dass zu den externen Dolmetschern sicher auch die Familienangehörigen zählen (anders lässt sich der hohe Anteil nicht erklären), ebenso aber auch der Berliner Gemeindedolmetschdienst und eventuell professionelle Dolmetscher. Der klinikinterne Pool setzt sich mit großer Wahrscheinlichkeit zum einen aus medizinischem, zum anderen aus nichtmedizinischem Personal zusammen, was hinsichtlich der Dolmetschqualität einen erheblichen Unterschied machen dürfte. Eine erneute, differenziertere Erhebung könnte für die unter 4.3 diskutierten Professionalisierungsstrategien von Nutzen sein.

Barkowskis (2007) stichprobenartige Umfrage bei sechs Krankenhäusern in Berlin und Leipzig ergab, dass alle befragten Kliniken „*externe professionelle Dolmetscher*" einsetzen, vier davon allerdings „*selten*". Offen bleibt auch hier, was die Befragten unter „professionell" verstehen. Immerhin zwei (große Berliner) Krankenhäuser gaben an, professionelle Dolmetscher häufiger einzusetzen als Begleitpersonen der Patienten oder zweisprachiges Pflegepersonal. Als Anlass für den Einsatz „*externer professioneller Dolmetscher*" wurde je zur Hälfte die Option „*bei Bedarf, wenn keine Begleitpersonen des Patienten oder zwei-*

---

[23] Von den 39 befragten Klinikleitungen bei Deininger (2007) war der seit 2003 bestehende Gemeindedolmetschdienst nur 17 bekannt; nur fünf hatten ihn bereits genutzt.

sprachiges Pflegepersonal verfügbar sind" und *„in rechtlich abzusichernden und fachlich anspruchsvollen Situationen, wie z. B. bei Anamnesegesprächen oder Aufklärungsgesprächen vor Operationen"* gewählt.

Eine im Jahr 2002 durchgeführte Studie an drei Berliner Notfallambulanzen[24], bei der 80 Ärzte nach ihrer Zufriedenheit mit dem Behandlungsablauf befragt wurden (Babitsch *et al.* 2008), kommt zu dem Schluss, dass die Zufriedenheit in Bezug auf Patienten türkischer Herkunft erheblich geringer ist als in Bezug auf Patienten deutscher Herkunft.[25] Als ausschlaggebender Faktor wird die mangelhafte sprachliche Verständigung genannt. Bei den Gesprächen mit türkischen Patienten wurde in einem Drittel der Fälle gedolmetscht, wobei auch hier diese Aufgabe meist von Familienangehörigen übernommen wurde (ebd.:6).

Häufig außer Acht gelassen wird die Tatsache, dass die erhobenen Daten zu verschiedenen Dolmetschvarianten nicht mit dem realen Bedarf an Hilfe bei der Verständigung gleichzusetzen sind. In vielen Fällen behelfen sich die Akteure des Gesundheitswesens mit Zeichensprache, Bildern und Erklärungen in stark vereinfachtem Deutsch. Über die Effizienz dieser Kommunikationsstrategien ist wenig bekannt. Es kann jedoch zumindest angezweifelt werden, dass der Behandlungserfolg damit tatsächlich zu gewährleisten ist.

Von den Kostenträgern des Gesundheitswesens wird die Sprachbarriere laut Hellbernd (1996) generell geleugnet bzw. verdrängt. Auch Ministerien und Krankenhäuser unterschätzten die Verständigungsprobleme häufig und verwiesen auf das Fremdsprachenpotenzial innerhalb der Einrichtungen. Die Zuständigkeit für die Lösung von Sprachproblemen werde meist auf die Migranten abgeschoben, was sich auch in der großen Unzufriedenheit und dem Unverständnis vieler Ärzte angesichts der mangelhaften Deutschkenntnisse äußere (ebd.:19f.). In der ambulanten Versorgung, wo nicht auf einen Pool von zweisprachigem Personal zurückgegriffen werden kann, ist die Wahrscheinlichkeit, dass Begleitpersonen der Patienten dolmetschen, noch einmal deutlich höher als in den Kliniken.[26] Die Fremdsprachenkenntnisse der Ärzte beschränken sich meist auf

---

[24] Charité – Virchow-Klinikum, Vivantes Klinikum am Urban, Vivantes Klinikum Neukölln, d. h. Kliniken in Bezirken mit einem niedrigen Sozialindex (Einkommen, Bildung, Arbeitslosigkeit usw.) sowie mit einem hohen Anteil von Menschen mit Migrationshintergrund.
[25] Leider wurden alle anderen Sprachgruppen vor der Analyse der Fragebögen aussortiert.
[26] Dies wird auch durch Studien aus anderen Ländern belegt. In Irland z. B. fungieren in den Arztpraxen in 89 % der Fälle Begleitpersonen als Dolmetscher (vgl. MacFarlane *et al.* 2008).

Englisch und Französisch[27], was in einigen Situationen eine hilfreiche Alternative darstellt, den Bedürfnissen der Patienten aber selten gerecht wird. In Berlin ist auch Russisch als Fremdsprache noch relativ stark verbreitet, allerdings meist auf so niedrigem Niveau, dass zwar eine einfache Verständigung, nicht aber ein medizinisch anspruchsvolles Gespräch stattfinden kann (vgl. Schultz 2007:123).

Einzelne Migrantengruppen haben die Möglichkeit, sich direkt an einen Arzt gleicher Muttersprache zu wenden. Gerade russischsprachige Patienten nehmen in Berlin häufig lange Wege auf sich, um sich von russischsprachigen Ärzten behandeln zu lassen (vgl. Kutscharski 2007:182f.) Bei der Studie in Kreuzberg (Wagner/Marreel 1998) gaben jeweils mehrere Ärzte (insgesamt 18) als Muttersprache Persisch, Türkisch, Russisch, Arabisch oder Griechisch an. Allerdings repräsentiert der Anteil der Ärzte ausländischer Herkunft bei Weitem nicht das Verhältnis in der Bevölkerung. So waren 1996 in Berlin beispielsweise nur sechs niedergelassene Ärzte und zehn Krankenhausärzte türkischer Nationalität[28] (Pochanke-Alff 1997:23). Es ist anzunehmen, dass sowohl die Anzahl der Ärzte ausländischer Herkunft als auch die sprachliche Vielfalt seitdem zugenommen haben, was mangels aktueller Daten jedoch nicht belegt werden kann.

Die Wahrscheinlichkeit, dass ein Dolmetscher zur Verfügung steht, ist für Türkisch deutlich höher als für andere Sprachen. Da türkischsprachige Migranten in Berlin die größte Gruppe bilden und somit den höchsten Verständigungsbedarf aufweisen, entscheiden sich die meisten Einrichtungen, wenn das Geld nur für eine Stelle ausreicht, für eine Türkisch-Dolmetscherin[29]. Außerdem arbeiten in größeren Einrichtungen häufig auch Angestellte, die sowohl Deutsch als auch Türkisch sprechen und zumindest eine grundlegende Verständigung ermöglichen können. In abgeschwächter Form gilt dies auch für das Arabische. Für die meisten anderen Sprachen ist die Lage dagegen noch einmal komplizierter (vgl. Hellbernd 1996:89). Einrichtungen, die von Patienten aus bis zu 20 Sprachbereichen aufgesucht werden, können derzeit keine umfassenden Lösun-

---

[27] Laut Wagner/Marreel gaben in Kreuzberg von den 144 befragten Ärzten 128 Englisch und 39 Französisch als aktive Fremdsprache an. Es ist anzunehmen, dass in den Bezirken der ehemaligen DDR Russisch noch stärker vertreten ist als in Kreuzberg (8 Nennungen).

[28] Allerdings wurden deutsche Mediziner türkischer Herkunft hierbei nicht berücksichtigt. Gerade deren Anteil dürfte in den letzten 15 Jahren zudem deutlich gestiegen sein.

[29] Hier werden tatsächlich bevorzugt Frauen beschäftigt, da türkische Frauen i. d. R. schlechter Deutsch sprechen als türkische Männer und der größte Bedarf in der Gynäkologie besteht, wo ein männlicher Dolmetscher kulturelle Tabus verletzen könnte.

gen anbieten. So kommt es eher zu einer Konzentration auf Schwerpunktzielgruppen, für die interkulturelle Kompetenzen vorhanden sind, wodurch das Angebot für andere Gruppen eingeengt wird (vgl. Pochanke-Alff 1997:40).

Ein Bereich mit besonders hohem Dolmetschbedarf ist, wie erwähnt, die psychosoziale Versorgung. Hier zeigt sich, dass auch Patienten mit guten Deutschkenntnissen in psychischen Krisen im Verstehen und Sprechen der deutschen Sprache stark eingeschränkt sind. Laut Hellbernd (1996:53) wird selbst bei einem ersten Kontakt in der Notaufnahme in Fällen, in denen der psychosomatische Konsiliardienst hinzugezogen wird, bei 40 % der ausländischen Patienten ein Dolmetscher benötigt. Hierzu äußert sich ein Psychosomatiker wie folgt:

> „Gerade in unserem Fachgebiet der Psychotherapie, der Psychosomatik, kommt es ja auf jedes einzelne Wort an. Wenn sich jemand nicht richtig ausdrücken kann, also Beschwerden nicht richtig beschreiben kann, noch schwieriger ist es über Gefühle oder zwischenmenschliche Konflikte zu berichten, ist es natürlich ganz schlecht. Man weiß gar nicht richtig, ob das Gespräch jetzt einen richtigen Befund im psychosomatischen Sinn ergibt" (ebd.:54f.).

Zudem gilt die Muttersprache als wesentlicher Schlüssel für den Zugang zu therapierelevanten Erinnerungen und Gefühlen. Somit wird die Zahl derer, die auf sprachliche Unterstützung angewiesen sind, im psychiatrisch-psychotherapeutischen Bereich um diejenigen erweitert, die sich gut integriert haben und in normalen Alltagssituationen und einfachen medizinischen Gesprächen problemlos kommunizieren können.

Des Weiteren ist gerade bei Überlegungen zu älteren Menschen und Pflegebedürftigen zu beachten, dass es beispielsweise bei demenziellen Erkrankungen häufig zu einem Verlust der Zweitsprache, also des Deutschen, kommt (Böhmer 2010:16). Die Zahl der Pflegebedürftigen mit Migrationshintergrund wiederum wird aufgrund der demografischen Entwicklung in den kommenden Jahrzehnten deutlich ansteigen. Ein Verlust der Zweisprachigkeit wurde auch im Zusammenhang mit schizophrenen Psychosen beobachtet. In einem solchen Fall können selbst Angehörige der zweiten Migrantengeneration plötzlich auf eine Sprachmittlung angewiesen sein (Grube 1995:200). Die Forderung nach besseren Deutschkenntnissen als alleinige Lösung stößt so an ihre Grenzen.

Während sich in großen Krankenhäusern tatsächlich häufig Behelfslösungen mit fremdsprachigem Personal finden lassen, gestaltet sich die Verständigung in der ambulanten Versorgung noch einmal schwieriger. Hier besteht auch nicht die Möglichkeit, ein paar Stunden später ein erneutes Gespräch unter Beiziehung eines Dolmetschers zu führen. Gerade bei niedergelassenen Ärzten kommt es dadurch häufig zu unvollständigen Diagnosen und zu Überweisungen in ein Krankenhaus, die bei einer Überwindung der Sprachprobleme häufig nicht nötig wären.

Deutschlandweit sieht die Lage ähnlich aus. Bei einer Stichprobenbefragung an 35 Krankenhäusern in elf Städten in Nordrhein-Westfalen und Rheinland-Pfalz (Verbraucherzentrale RLP 2005) gab nur eine Einrichtung an, bei Verständigungsproblemen auf einen externen Dolmetscherdienst zurückzugreifen. Interne Dolmetschdienste gibt es in Kliniken in Hamburg (UKE), Hannover (EMZ), München (Schwabing) und Freiburg (Universitätskinderklinik). In Berlin beschäftigt beispielsweise die Beratungsstelle für sexuell übertragbare Krankheiten und AIDS Dolmetscher (für Thailändisch, Polnisch, Russisch und Bulgarisch) auf Honorarbasis (vgl. Pochanke-Alff 1997:64). Einen institutionalisierten Dienst für die medizinische Regelversorgung gibt es hingegen nicht.

In den letzten Jahren fand vereinzelt eine Förderung des Einsatzes von Dolmetschern im Gesundheitswesen statt. Das Gesundheitsamt in Stuttgart beispielsweise erklärte in einem Handbuch des bundesweiten Arbeitskreises „Migration und öffentliche Gesundheit": „Inzwischen gehört es zum Qualitätsstandard des Gesundheitsamtes, zu wichtigen Gesprächen einen qualifizierten Dolmetscher hinzuzuziehen" (BBFMI 2007:71). Insgesamt lässt sich feststellen, dass zwar an einigen Stellen ein Problembewusstsein vorhanden ist, jedoch allenfalls Insellösungen gefunden wurden, um den Missständen zu begegnen.[30]

Rechtliches

Die Gesundheitsreform aus dem Jahr 2000 beinhaltete auch eine Stärkung der Patientenrechte, eine Qualitätssicherung und eine stärkere Beteiligung der Patienten an den Entscheidungsverfahren. Angestrebt wird eine partnerschaftliche Kooperation zwischen Patienten und Ärzten. Im Zuge der Patientenautonomie

---

[30] Auffällig ist eine Diskrepanz zwischen Ämtern und den offiziellen Versorgungseinrichtungen. So gibt es relativ viele Kurse und Aufklärungsveranstaltungen zu Gesundheitsthemen, bei denen Dolmetscher zur Verfügung stehen, doch zugleich wird wenig für die tatsächliche Kommunikation im Krankenhaus oder in der Arztpraxis getan.

rückt die ärztliche Aufklärungspflicht noch stärker in den Vordergrund, da sie die Voraussetzung für eine wirksame Einwilligung in die Behandlung darstellt (vgl. 2.1.2). Bei Nichtdeutschsprachigen muss der Arzt gewährleisten, dass die Aufklärung in einer Sprache erfolgt, die der Patient versteht, und dass Missverständnisse ausgeschlossen werden, bevor die Einwilligung erteilt wird. Nach der gängigen Rechtsprechung ist es zulässig, dass Angehörige oder andere dolmetschen, wenn sich der aufklärende Arzt davon überzeugt hat, dass diese dritte Person über ausreichende Sprachkenntnisse verfügt. Allerdings findet sich keine Angabe dazu, wie dies zu überprüfen ist (vgl. Borde 2005:54f.).

Spickhoff (2010) zufolge liegt die Beweislast dafür, dass der Patient der Aufklärung sprachlich folgen konnte, beim Arzt. Dies gilt grundsätzlich auch für andere Gespräche im Rahmen der Behandlung. So gab das Kammergericht (KG) mit einer Entscheidung aus dem Jahr 2009 explizit seine frühere Rechtsprechung auf, wonach der Arzt nicht die Pflicht habe, zur Anamnese bei einem ausländischen Patienten einen Dolmetscher hinzuzuziehen (ebd.:66).

Allgemein gilt, dass sich der Arzt versichern muss, dass der Patient seinen Aussagen sprachlich folgen kann. Ist dies nicht der Fall, muss er für eine Sprachmittlung sorgen oder die Behandlung ablehnen (Spickhoff 2010:66). Wenn ein Arzt sich nicht auf juristisches Glatteis begeben will und daher eine Behandlung ablehnt, gerät er damit jedoch in Widerspruch zu anderen Grundsätzen der ärztlichen Ethik, da dem Patienten damit möglicherweise gänzlich die Hilfe und folglich die Genesung verwehrt wird.

Besondere Sorgfalt verlangt die Rechtsprechung im Zusammenhang mit irreversiblen gynäkologischen Maßnahmen (z. B. Sterilisation, Hysterektomie). Hier wurde im Prozessfall meist zugunsten der Patientinnen entschieden (vgl. ebd.:67). Für Aufklärungsgespräche vor Operationen gilt sogar, dass ein Arzt Körperverletzung begeht, wenn er den Eingriff ohne die Einwilligung des Patienten vornimmt (vgl. Barkowski 2007:43). Auch bei „harmlosen" Maßnahmen wie der Verordnung von Medikamenten ist beispielsweise die Landesärztekammer Baden-Württemberg der Ansicht, dass „der Patient [...] rechtzeitig wissen [muss], was medizinisch mit ihm, mit welchen Mitteln und mit welchen Risiken und Folgen geschehen soll" (Mane 2004:62).

Die Verantwortung für den Erfolg der Kommunikation liegt der gängigen Rechtsprechung zufolge also beim medizinischen Personal, das im Ernstfall auch dafür haften muss. Bei Pöchhacker (2000a) teilt jedoch nur ein Fünftel der Befragten (Ärzte, Therapeuten, Pflegepersonal) die Auffassung, sie seien für Behandlungsfehler aufgrund mangelhafter Verständigung haftbar. Ein Drittel kann sich dazu nicht äußern, während die Mehrheit eine Haftbarkeit ausschließt. Nur bei den Ärzten ist das Bewusstsein um die Haftbarkeit etwas höher (29 % „ja") (vgl. ebd.:166).

Finanzierung

Hinsichtlich einer Übernahme von Dolmetscherkosten durch die Krankenkassen muss zwischen ambulanter und stationärer Behandlung unterschieden werden. Während im ambulanten Bereich nach einem Urteil des Bundessozialgerichts (BSG) kein Anspruch auf Erstattung von Dolmetscherkosten besteht, müssen die Krankenkassen diese Kosten in der stationären Versorgung theoretisch übernehmen (Hellbernd 1997:22). Nach einem Urteil des OLG Düsseldorf fallen Dolmetscherkosten bei einem stationären Eingriff in den Pflegesatz (OLG Düsseldorf AZ.: 8U 60/88, zit. nach Neuber 2005:A-652). Dieser Unterschied zur Ambulanz lässt sich vor allem mit der erwähnten Aufklärungspflicht vor operativen Eingriffen erklären.

Anders stellt es ein Rechtsanwalt dar, der die relevanten Gesetze und Urteile auslegt und zu dem Schluss kommt, Dolmetscherkosten seien stets vom Versicherten zu tragen, sowohl in der Ambulanz als auch bei vollstationärer Behandlung im Krankenhaus (Andreas 2001:208). Bei Spickhoff (2010) wiederum findet sich der Hinweis, dass Dolmetscherkosten lediglich übernommen werden, wenn der Patient Anspruch auf Sozialhilfe hat. Bei gesetzlich Versicherten sei der Anspruch auf Erstattung weder bei einer Behandlung in der Ambulanz noch bei einer vollstationären Behandlung gegeben. Die von ihm zitierte Entscheidung des BSG bezieht sich auf den Einsatz eines Gebärdendolmetschers, was m. E. umso frappierender ist.

Zusammenfassend ist festzustellen, dass die derzeitige Regelung sehr unklar ist und sowohl bei Ärzten als auch bei Patienten Unsicherheit hervorruft. Einen gesetzlich eindeutig verankerten Anspruch auf Erstattung gibt es nicht. Die Kosten für einen externen Dolmetscher müssen demnach i. d. R. von den Patienten selbst getragen werden. Einige Krankenhäuser finanzieren sie aus eigenen Mitteln, bevorzugen jedoch auch deshalb den Einsatz des kostenlos zur Verfügung stehenden fremdsprachigen Krankenhauspersonals (vgl. Gwinner 2004:73).

2.2 Medizindolmetschen: Kompetenzprofile und Erwartungen aus Theorie und Praxis

Die voranstehenden Ausführungen zeigen, dass der Bedarf an Dolmetschleistungen nach wie vor hoch ist und in absehbarer Zeit voraussichtlich nicht abnehmen wird. Gedeckt wird der Bedarf in den allermeisten Fällen mit kostenlosen unqualifizierten und häufig „ad hoc" herbeigerufenen Dolmetschern (vgl. 2.2.3), professionelle Dolmetscher werden nur in Ausnahmefällen eingesetzt. Die geringe theoretische Reflexion über die notwendige Qualität der Verdolmetschung führt zu einer Vielzahl mitunter recht individueller Erwartungen. Im Folgenden werden die Haltungen der Translationswissenschaft und des medizinischen Personals sowie die konkreten Erfahrungen mit Laiendolmetschern gegenübergestellt.

2.2.1 Das Ideal aus Sicht der Translationswissenschaft

Um beurteilen zu können, was der Einsatz von Kindern als Spezialfall des Laiendolmetschens mit sich bringt, soll an dieser Stelle zunächst auf die Anforderungen eingegangen werden, mit denen Medizindolmetscher konfrontiert werden. Die erforderlichen Kompetenzen sind zugleich im Sinne von Qualitätsstandards zu verstehen, die der Etablierung eines Berufsbildes zugrunde liegen könnten.

Barkowski (2007) stellt in ihrer Arbeit zum Dolmetschen im medizinischen Bereich die Kompetenzen zusammen, die von einem professionellen Krankenhausdolmetscher zu erwarten sind. Dazu gehören:

- Neutralität, Unparteilichkeit
- Fließende Beherrschung der Mutter- und der Fremdsprache in Wort und Schrift

- Professionelle Rollenauffassung
- Einhaltung der Schweigepflicht
- Koordinationskompetenz
- Medizinisches Hintergrundwissen
- Kenntnis des Fachvokabulars
- Institutionelles Hintergrundwissen
- Interkulturelle Kompetenz
- Parasprachliche Kompetenz
- Prosodische Kompetenz
- Emotionale/Psychische Stabilität
- Beherrschung von Dolmetschtechniken

Dieses Profil sagt noch nichts darüber aus, wie sich der Dolmetscher in einer konkreten Situation zu verhalten hat oder welche Gesprächsrolle als angemessen erachtet wird. Bereits aus der Auflistung wird jedoch deutlich, wie komplex die Aufgabe ist, ein Gespräch zwischen Arzt und Patient zu dolmetschen.

Apfelbaum und Bischoff (2002:12f.) beziehen sich bei der Beschreibung erforderlicher Kompetenzen auf die kommunikative Praxis und zählen dazu u. a.

> „Kenntnisse über den Ablauf typischer Gesprächstypen wie medizinisches Aufklärungsgespräch oder ärztliche Visite, das Beherrschen flexibler Reaktions- und Umgangsweisen mit dem Dolmetschbedarf der Klient/innen, der auf Grund je unterschiedlicher Migrationsbiografien variieren kann, oder de[n] reflektierte[n] Umgang mit Erklärungen von Fachtermini im Experten-Laien-Diskurs."

Der Fokus liegt hier auf einer professionellen Handlungskompetenz, die den Dolmetscher als Kommunikationsexperten ausweist und ihn insbesondere zu eigenverantwortlichen Entscheidungen befähigt. Damit wird m. E. gut zum Ausdruck gebracht, dass die eingangs erwähnten Basiskompetenzen die Voraussetzung für ein Handlungsrepertoire darstellen, das es situativ angemessen zu nutzen gilt – eine anspruchs- und verantwortungsvolle Aufgabe.

Das präsentierte Idealprofil spiegelt vorwiegend die Vorstellungen von Translationswissenschaftlern und professionellen Dolmetschern wider, die diese Kompetenzen auch entsprechend honoriert wissen möchten. Doch auch die Erwartungen des Krankenhauspersonals sind kaum weniger anspruchsvoll, wie sich aus der Studie von Pöchhacker (2000a) ergibt, auf die im Folgenden eingegangen wird.

2.2.2 Erwartungen der Nutzer

Ein Eckpfeiler der vorliegenden Arbeit ist die Grundannahme, dass das Dolmetschen im Gesundheitswesen eine Dienstleistung ist. Doch für wen wird diese
Dienstleistung erbracht? Wer genau sind die Nutzer? Da der Dolmetscher das
Gespräch zwischen zwei verschiedenen Parteien ermöglicht, ist die Frage nicht
immer eindeutig zu beantworten. Zunächst soll daher geklärt werden, von wem
die Rede ist, wenn im Folgenden die Erwartungen der Nutzer dargestellt werden.

Gemäß der unter 1.1 angeführten Definition bezeichnet Community Interpreting das „Dolmetschen für Einzelpersonen oder Kleingruppen (Familien) [...],
meist Einwanderer, Flüchtlinge oder Wanderarbeiter" (Hervorh. von mir). Nutzer wären diesem Verständnis nach im Wesentlichen die Migranten, aber auch
Touristen oder Geschäftsreisende. Eine Veränderung der Blickrichtung könnte
dagegen zu folgender Auffassung führen: Die Akteure des Gesundheitswesens
sind auf die Leistungen von Dolmetschern angewiesen, um ihren Beruf angemessen ausüben zu können. Dieser Gedanke spiegelt sich beispielsweise in der
Bezeichnung „Anforderungsprofil aus Nutzerperspektive", die Pöchhacker
(2000a) für seine Befragung des Krankenhauspersonals wählte. Ähnlich kommt
es in einer Formulierung von Carr (1997:271) zum Ausdruck: „To answer the
needs of such individuals, health care providers must rely on the intervention of
interpreters." Pöllabauer (2003) hingegen unterscheidet zwischen Auftraggebern
und Klienten. Während die Beiziehung von Dolmetschern tatsächlich meist auf
Anordnung der Ärzte erfolgt (vgl. Pöchhacker 2000a:166), kann man jedoch bei
Begleitpersonen der Patienten nicht immer davon ausgehen, dass diese einen
„Auftrag" erhalten haben.

In der vorliegenden Arbeit wird die erweiterte Perspektive eingenommen, die
beiden Gesprächsparteien ein Interesse an der Dienstleistung Dolmetschen zu-
schreibt. Daher werden sowohl die Erwartungen der Patienten als auch die des
medizinischen Personals dargestellt. Genau genommen könnte man auch das
Gesundheitssystem als Ganzes bzw. den Staat als Nutzer ansehen, da den erwähnten Bestimmungen zufolge Sorge dafür getragen werden muss, dass allen
Bürgern ein gleichwertiger Zugang zur medizinischen Versorgung gewährt
wird.

Aus Sicht der Patienten und Ärzte, die Kuo und Fagan (1999) befragten, sind die drei wichtigsten Eigenschaften eines Medizindolmetschers Verfügbarkeit, Genauigkeit und Verschwiegenheit. Von den Patienten wird zudem für wichtig erachtet, dass eine Person desselben Geschlechts als Dolmetscher fungiert (ebd.:549). Diskretion und Verschwiegenheit stehen auch bei Pöchhacker (2000a) neben absolut neutralem Verhalten an erster Stelle. Die Forderung nach perfekter Zweisprachigkeit wird deutlich seltener erhoben. So gut wie keine Rolle spielen explizit abgefragte Kriterien wie der Schulabschluss, medizinische Fachkenntnisse oder eine Ausbildung im Dolmetschen (ebd.:269). Andererseits lassen die Probleme, die mit dem Dolmetschen durch Begleitpersonen in Verbindung gebracht werden (s. 2.2.3), darauf schließen, dass das Verstehen medizinischer Fachausdrücke und ausreichende medizinische Sachkenntnis doch als sehr wichtig erachtet werden. Die bei Valdés et al. (2003) befragten Migranten (Eltern) nennen als Eigenschaften eines guten Dolmetschers gute Kenntnisse in beiden Sprachen, Taktgefühl, detailgetreue Wiedergabe, genaues Zuhören, das Kommunizieren von Gefühlen, die Bereitschaft, besonders wichtige Aspekte zu betonen, sowie einen hohen Grad an Aufmerksamkeit.[31]

Neben den Kompetenzen, die aus Nutzersicht beim Dolmetschen erforderlich sind, bestehen auch hinsichtlich der Rolle der Dolmetscher Erwartungen, die sich aus realen Erfahrungen ableiten lassen und zum Teil weit über das Dolmetschen im engeren Sinne hinausgehen. In der Zuständigkeit von Dolmetschern sieht eine Mehrheit des medizinischen Personals neben der sprachlichen Wiedergabe folgende paratranslatorische Aufgaben (Pöchhacker 2000a:264ff.):

- Vereinfachen der Ausdrucksweise
- Erklären von Fachausdrücken für die Patienten
- Zusammenfassen umständlicher Aussagen der Patienten
- Abklären unbestimmter Aussagen durch direktes Nachfragen beim Patienten
- Aufmerksammachen auf Missverständnisse
- Erläutern fremdkultureller Hintergründe und Bedeutungen für das Personal

---

[31] Diese Kriterien ergaben sich im Wesentlichen aus der Beurteilung der Dolmetschleistungen der Kinder der Befragten und können daher nur bedingt verallgemeinert werden.

Um diese tatsächlich erfüllen zu können, bedarf es u. a. einer hohen Kommunikationskompetenz, einer guten Sachkenntnis und Allgemeinbildung sowie eines metasprachlichen Bewusstseins. Von „natürlich bikulturellen" Personen kann ein solches Repertoire kaum erwartet werden, auch wenn dies offenbar ganz selbstverständlich getan wird.

Die genannten paratranslatorischen Aufgaben beziehen sich auf das unmittelbare Gespräch in Anwesenheit des medizinischen Personals. Es zeigt sich allerdings, dass (auch (semi-)professionelle) Dolmetscher darüber hinaus eine Vielzahl von dolmetschfremden Aufgaben übernehmen, für die eigentlich andere Akteure zuständig wären, und dies sogar erwünscht ist. Bei Pöchhacker (2000a) stimmen die Befragten mit deutlicher Mehrheit darin überein, dass ein Dolmetscher auch für das Ausfüllen von Formularen mit den Patienten zuständig sei (vgl. ebd.:266). Bei Allaoui (2005) sehen die meisten befragten Ärzte (am UKE Hamburg) den Dolmetscher als „geeignete Person, um den kommunikativen und sozialen Bedarf des Patienten zu decken" (ebd.:145). Die zum Teil umfangreiche Betreuung, die von den Dolmetschern geleistet wird, widerspricht an mehreren Stellen dem vom UKE beschlossenen Tätigkeitsprofil (ebd.). Dies ist problematisch, da die zusätzlichen Aufgaben nicht den Qualifikationen von Dolmetschern entsprechen, offiziell nicht geregelt sind und im Falle von Fehlern haftungsrechtliche Konsequenzen nach sich ziehen können. Die Diskrepanz zwischen der vom UKE beschlossenen Verfahrensanweisung für Dolmetscheinsätze und der tatsächlichen Tätigkeit vieler Dolmetscher weist somit auf die Notwendigkeit einer stärkeren Professionalisierung mit entsprechenden Standards sowie einer Sensibilisierung aller Beteiligten hin (s. Kapitel 4).

2.2.3 Laiendolmetscher im Gesundheitswesen

Nach der Darstellung der (normativen) Erwartungen an die Kompetenzen und Rollen von Dolmetschern im Gesundheitswesen liegt der Fokus nun auf der Realität im medizinischen Alltag. Im Folgenden geht es um bisher von der Translationswissenschaft und anderen Disziplinen festgestellte Schwierigkeiten, die sich aus dem Einsatz von Laiendolmetschern in der Arzt-Patienten-Interaktion ergeben.

Welche Fehler können einem Dolmetscher prinzipiell unterlaufen? Eine grobe Einteilung in Kategorien umfasst (a) das Auslassen von Inhalten, (b) das Hinzufügen von Inhalten und (c) die Bedeutungsveränderung (Cambridge 1999:209). Die Ursachen sind vielfältig und nur zum Teil auf fehlende Sprachkompetenzen zurückzuführen.

Anders als ein weitgehend auf Neutralität bedachter professioneller Dolmetscher nehmen Laien bewusst und/oder unbewusst Einfluss auf den Inhalt und den Verlauf des Gesprächs. Dies geschieht in erster Linie durch Verzerrungen, beispielsweise durch inhaltliche Fixierungen oder mangelnde Beherrschung der Fachausdrücke (vgl. Pöchhacker 2000a:277). Des Weiteren neigen insbesondere Familienangehörige dazu, direkt auf die Fragen zu antworten, sodass eine Verschiebung der Gesprächsrollen erfolgt. Informationen gehen verloren, da sie entweder nicht verstanden, beim Dolmetschen vergessen (u. a. da keine Notizen gemacht werden) oder vom Dolmetscher als unwichtig erachtet und bewusst weggelassen werden (ebd.). Häufig wird die Relevanz von Details nicht erkannt, obwohl diese die Diagnose beeinflussen würden, oder die Ernsthaftigkeit eines Problems wird vom Dolmetscher heruntergespielt. Da diese Aussagen dem Patienten selbst zugeschrieben werden, geht der Arzt dann von weniger ernsthaften Symptomen aus und entwickelt entsprechende Therapievorschläge (vgl. Cambridge 1999:211f.). Durch das eigenständige und zudem meist unreflektierte Agieren der Laiendolmetscher kommt es folglich zu einer Um- und Ablenkung der ärztlichen Handlungsabsichten (Pöchhacker 2000a:277).

Die konkreten Verfahren, die bei Laiendolmetschern zu beobachten sind, schlüsselt Rehbein (1988) detaillierter auf und klassifiziert sie wie folgt: (a) Reduzieren/Hinzufügen, (b) Veränderungen der Illokution, (c) Verallgemeinern, (d) Fokusverschiebung, (e) Unterratschlag, (f) Prozessieren des Diskurses (Planungsindikatoren, Nachfragen auf Deutsch, Bestätigungsfragen), (g) Zusammenfassen, (h) Abblocken (ebd.:444f.). Nicht alle dieser Verfahren werden nur von Laien eingesetzt. Auch die professionellen Dolmetscher bei Wadensjö (1992) steuern das Geschehen aktiv, und innerhalb der Translationswissenschaft wird diskutiert, dass die Abkehr von der Idee der „Unsichtbarkeit" des Dolmetschers für die Interaktion von großem Nutzen sein kann. Dies deckt sich mit den unter 2.2.2 näher erläuterten Nutzererwartungen, denen zufolge beispielsweise auch das Zusammenfassen und das Erklären zum Dolmetschen gehören.

Zu berücksichtigen ist, dass sich bestimmte Verfahren aus der Situation und den Gesprächsrollen ergeben und mit Blick auf die Funktionalität äußerst sinnvoll sein können. So kann es z. B. dazu kommen, dass ein medizinischer Begriff durch eine Erklärung ersetzt wird, die auf den gemeinsamen Erfahrungsschatz von Dolmetscher und Patient zurückgreift. Meyer (2001) erläutert dies an einem Gespräch, in dem „Gallenblase" mit „wo beim Kaninchen das Gift ist" umschrieben wurde, was für die Patientin verständlicher war als der medizinische Ausdruck.[32] Hier bringen Laien zum Teil Ressourcen mit, die die Verständigung besser fördern können als eine fachlich korrekte Verdolmetschung. Häufig reichen die Deutschkenntnisse und Vorerfahrungen der Patienten auch aus, um einen Großteil der Informationen zu verstehen, wodurch nur neue oder komplizierte Inhalte gedolmetscht werden müssen, das Reduzieren also sinnvoll erscheint. Insofern können bei einer funktionalen Betrachtung nicht alle der genannten Verfahren prinzipiell als Fehler angesehen werden (vgl. Meyer 2001:103f.).

Dennoch bringen unklare Rollenauffassungen und fehlende Kompetenzen Probleme mit sich, die auch dem medizinischen Personal nicht verborgen bleiben. Eine Befragung von Ärzten und Pflegepersonal an Wiener Krankenhäusern (Pöchhacker 2000a) ergab, dass die Kommunikation über Begleitpersonen der Patienten nur von 18 % der Befragten als problemfrei beurteilt wird, während 66 % manchmal und 12 % häufig oder fast immer Probleme sehen. Die Dolmetschleistungen von fremdsprachigem Krankenhauspersonal werden im Vergleich dazu deutlich besser bewertet, doch auch hier geben mehr als die Hälfte der Befragten Probleme an (ebd.:163).

Folgenden Aussagen bezüglich Begleitpersonen wird laut Pöchhacker (2000a:164f.) am häufigsten zugestimmt:

- Begleitpersonen verstehen und/oder beherrschen medizinische Fachausdrücke nicht

- Begleitpersonen verfügen nicht über genügend medizinische Sachkenntnis

---

[32] Die Wahl dieses Ausdrucks beruht auf den geteilten Erfahrungen in der Zubereitung von Kaninchen, bei der die Gallenblase unbeschadet entfernt werden muss. Rehbein (1985) zählt eine solche Transposition von Fachwissen in Alltagswissen zum Verfahren des Verallgemeinerns.

- Unklare Antworten machen Rückfragen nötig
- Begleitpersonen geben kurze Übersetzung, nachdem Patienten lange gesprochen haben und umgekehrt
- Begleitpersonen und Patienten sprechen miteinander, ohne dass der Inhalt übersetzt wird
- Begleitpersonen beantworten die gestellte Frage selbst

Seltener wird die Aussage bestätigt, dass sich Patienten scheuen, vor Dritten über Privates und Vertrauliches zu sprechen. Dagegen bringt unabhängig vom medizinischen Kontext oft schon die allgemeine Sprachkompetenz der Angehörigen Schwierigkeiten mit sich: Nur 53 % bejahen die Frage, ob die Begleitpersonen „meist sehr gut Deutsch" sprechen (Pöchhacker 2000a:164).

Bei anderen Laiendolmetschern, die aus den Reihen des medizinischen Personals oder sonstiger Angestellter (Reinigungskräfte, Fahrer usw.) rekrutiert werden, tauchen ähnliche Probleme auf, wenngleich das medizinische Personal sowohl über bessere Fachkenntnisse als auch über eine größere emotionale Distanz verfügt, woraus sich leichte Vorteile ergeben. Gerade das medizinische Personal ist aufgrund des straffen Zeitplans im Krankenhaus allerdings nur begrenzt verfügbar, was die Eignung als Dolmetscher wiederum einschränkt (ebd.:165).

Die allgemeine Akzeptanz von Laiendolmetschern im medizinischen Bereich ist trotz der genannten Probleme relativ hoch. Etwa die Hälfte der befragten Wiener Ärzte zeigt sich mit der Situation zufrieden. Auf einer Rangliste der besten Möglichkeiten, Kommunikationsbarrieren zu überbrücken, stehen die Begleitpersonen sogar an zweiter Stelle, hinter einem internen Dolmetschdienst (ebd.:169). Ähnliche Werte finden sich auch für Berlin, wie in 2.1.4 angedeutet wurde. In Irland spricht sich laut MacFarlane *et al.* (2008) sogar die Mehrheit der befragten niedergelassenen Ärzte für den Einsatz von Begleitpersonen aus, wofür aus ihrer Sicht vor allem die Verfügbarkeit und die Vertrautheit sprechen. Nur 9 % sehen dabei das Risiko von Dolmetschfehlern, während das Thema Schweigepflicht bzw. Vertraulichkeit (43 %) ihnen eher Sorgen bereitet.

Belegen lassen sich jedoch auch eindeutige Fehler, die ein erhebliches Risiko für die Gesundheit der Patienten darstellen. Eine fehlerorientierte Untersuchung der Dolmetschleistungen von Kindern und anderen Familienangehörigen (Ebden *et al.* 1988:347) zeigte, dass bereits auf rein sprachlicher Ebene oder auch beim

Dolmetschen einzelner Wörter häufig gravierende Fehler gemacht werden.[33] So wurden von als einfach eingestuften Fragen mindestens 16 % falsch oder nicht gedolmetscht. Bei komplexen Fragen waren es bis zu 82 %. Die Fehlerquote für alle Arten von Fragen lag beim besten Dolmetscher bei 23 %, beim schlechtesten bei 52 %.

Über diese Zahlen hinaus wird aus der Analyse ersichtlich, welche Ausdrücke Laiendolmetschern besondere Schwierigkeiten bereiten. Erstens wurden anatomische Begriffe häufig ungenau wiedergegeben, entweder verallgemeinernd oder konkretisierend, z. B. Bein statt Knöchel, Backenzähne statt Kiefer, Hals statt Mandeln, Brust statt Rippen. Zweitens gab es Probleme bei Symptomen, z. B. Abführmittel statt Durchfall, wässriger Stuhl statt Wasserlassen, drittens bei Fachbegriffen, z. B. Atemlosigkeit statt Asthma, "verrückt sein" statt „epileptischer Anfall". Zudem wurden bestimmte Wörter wie etwa Harnwege oder Gallensteine komplett weggelassen (Ebden *et al.* 1988:347).

In einem umfangreichen Projekt untersuchten Flores *et al.* (2003) gedolmetschte Gespräche systematisch auf Fehler und deren potenzielle Konsequenzen für den Behandlungserfolg.[34] Als Dolmetscher wurden sowohl professionelle Krankenhausdolmetscher[35] eingesetzt als auch Laien (Angehörige und Personal). Es stellte sich heraus, dass Laien sowohl mehr Fehler beim Dolmetschen machen, als auch, dass diese Fehler tendenziell gravierender sind. Insgesamt wirkten sich 63 % der Fehler potenziell auf die Behandlung aus. Dieser Anteil ist bei den Laiendolmetschern signifikant höher (77 %). Der häufigste Fehlertyp waren Auslassungen, gefolgt von sprachlichen Fehlern, Substitutionen, dem unmarkierten Äußern der eigenen Meinung („editorialization") und Ergänzungen (Flores *et al.* 2003:8f.).

Die Ergebnisse der exemplarischen Untersuchungen am konkreten Text bieten ausreichend Anlass, die Eignung von Laiendolmetschern im medizinischen Kontext infrage zu stellen. Das Hauptproblem ist, dass sämtliche Verzerrungen, Auslassungen, Interpretationen und Ergänzungen den eigentlichen Gesprächs-

---

[33] Als Fehler zählen Ebden *et al.* explizit nur Abweichungen in der Wiedergabe, die tatsächlich zu einem Informationsverlust oder falschen Interpretationen führten.
[34] Die Untersuchung wurde in den USA durchgeführt; das Sprachenpaar war Englisch-Spanisch.
[35] Professionalität ist hier erneut relativ, da es auch in den USA an qualifizierten Ausbildungsprogrammen mangelt.

partnern verborgen bleiben. Sie nehmen die Gespräche häufig als unauffällige Routinefälle wahr. In der diskursanalytisch ausgewerteten Fallstudie von Pöchhacker und Kadrić (1999) beispielsweise zeigt sich die behandelnde Logopädin zutiefst überrascht, als bei der Durchsicht des übersetzten Transkripts offensichtlich wird, wie stark die Verdolmetschung der Funktion des Gesprächs abträglich war (ebd.:177).

Die bei Flores *et al.* (2003) genannten Fehler beinhalten beispielsweise das Weglassen von Fragen nach (Medikamenten-)Allergien oder von Angaben zur Dosis und Anwendungsdauer von Medikamenten. Mitunter wurde die Art der Anwendung falsch wiedergegeben, z. B. ein oral einzunehmendes Medikament in die Ohren zu träufeln (ebd.:9f.). Zu den möglichen unmittelbaren Folgen von Dolmetschfehlern zählen u. a. eine ungenaue Diagnose und Behandlung, Non-Compliance (z. B. durch falsche Medikamenteneinnahme), Verletzung der Schweigepflicht oder eine faktisch ungültige Einverständniserklärung (vgl. Carr 1997:272). Abgesehen von den Gefahren für die Gesundheit der Patienten sind damit häufig erhebliche Kosten für das Gesundheitssystem verbunden (s. 3.6).

3. Kinder als Dolmetscher in der Arzt-Patienten-Interaktion: Implikationen für die beteiligten Akteure

Im Rahmen dieses Kapitels soll analysiert werden, welche Folgen der Einsatz von Kindern[36] als Dolmetscher im Gesundheitswesen mit sich bringt. Betrachtet wird die Situation aus den Perspektiven der beteiligten Akteure und unter verschiedenen Gesichtspunkten. Das Hauptaugenmerk liegt dabei auf der Perspektive der Kinder (3.4) und dem Einfluss des Dolmetschens auf ihre Entwicklung (3.5).

Angesichts der Anforderungen, die im vorangestellten Kapitel (2.2) formuliert wurden, und der zitierten Untersuchungen zu Laiendolmetschern können selbst perfekt zweisprachige Kinder der komplexen Aufgabe des Dolmetschens in der Medizin kaum gewachsen sein. Ihre Eignung wird seit mindestens 30 Jahren immer wieder infrage gestellt, meist auf der Grundlage eines eher diffusen „unguten Gefühls". Ein besonders radikales und konsequentes Statement gegen den Einsatz von Kindern als Dolmetscher im Gesundheitswesen stammt von Rack (1982:199f., zit. nach Cohen *et al.* 1999):

> „Under no circumstances should children be asked to interpret medical details for their parents. It appears to us to be unethical, unprofessional, uncivilised and totally unacceptable."

Dennoch ist nicht zu leugnen, dass Kinder einen Großteil der translatorischen Aufgaben im medizinischen Alltag bewältigen, wie unter 2.1.4 gezeigt wurde. Von verschiedenen Seiten wurde versucht, dem verbreiteten Unbehagen angesichts dieser Situation mit empirischen Analysen auf den Grund zu gehen. Diese Studien dienen als Datenbasis für die folgenden Unterkapitel.

Insgesamt wurden hierfür 17 Publikationen, überwiegend aus den USA, zusammenfassend ausgewertet. Je zwei wesentliche Quellen stammen aus Österreich (Pöchhacker; Rajič) und Großbritannien (Green *et al.*; Cohen *et al.*), eine

---

[36] Unter dem Begriff „Kinder" sind im Folgenden Kinder und Jugendliche zusammengefasst, sofern nicht weiter spezifiziert wird. In Einzelfällen unterscheide ich in Anlehnung an die Altersgrenzen in der deutschen Gesetzgebung zwischen Kindern bis 15 Jahren und Jugendlichen von 15 bis 18. Bei der Auswertung einiger Erhebungen stellte sich zudem heraus, dass die Begriffe „Kind" bzw. „Tochter" oder „Sohn" zur Bezeichnung der Relation zum Patienten verwendet werden, ohne dabei auf das Alter einzugehen. Beispiele von älteren Patienten, bei denen die Kinder vermutlich schon erwachsen waren, wurden daher nicht berücksichtigt.

aus Kanada (Araujo). Die Arbeiten aus den USA (Tse; Buriel *et al.*; Weisskirch; Love/Buriel; Tricket/Jones; Jones/Tricket; Martinez *et al.*; Kaur/Mills; Orellana *et al.*; Valdés *et al.*) untersuchen neben der Häufigkeit und den Einstellungen dolmetschender Kinder zu ihrer Tätigkeit den Zusammenhang zwischen „language/culture brokering"[37] und akademischen Leistungen, der Eltern-Kind-Bindung, Depressionen, Bikulturalismus, Eigenständigkeit, Selbstbewusstsein sowie Familienkonflikten. Eine detaillierte Übersicht über die einzelnen Studien findet sich im Anhang.

Ein Problem der integrativen Analyse internationaler Forschungsergebnisse besteht darin, dass die rechtlichen und finanziellen Rahmenbedingungen sowie insbesondere die behandelten Sprachen und Kulturen divergieren. Es ist jedoch davon auszugehen, dass die konkreten Gesprächssituationen und Erlebnisse aus den anderen Ländern auf Deutschland übertragen werden können. Dafür spricht u. a., dass es sich in allen Fällen um Studien aus „westlichen" Gesellschaften handelt, in denen die betroffenen Migranten einer als benachteiligt angesehenen Minderheit angehören.

Bei der Auswertung des vielseitigen Materials ergaben sich zudem Probleme, die auf die unterschiedlichen Forschungsmethoden zurückzuführen sind. Nicht alle Studien können als repräsentativ angesehen und direkt miteinander verglichen werden, doch würde es zu weit führen, bei jeder zitierten Erhebung ausführlich auf die Methodik, die Zahl der Befragten und mögliche Verzerrungen der Ergebnisse einzugehen.[38] Ich habe jedoch vorwiegend Aspekte aufgegriffen, die in mehreren Studien belegt werden.

3.1 Kinderdolmetscher: Ein Routinefall im medizinischen Alltag

Für den Einsatz von Laiendolmetschern im Gesundheitswesen belegen die unter 2.1.4 zitierten Studien, dass mehrheitlich Familienangehörige und Freunde für diese Aufgabe in Anspruch genommen werden. Innerhalb dieser Gruppe der „Begleitpersonen" sind Kinder wiederum besonders stark vertreten. Trotz der

---

[37] Die in den USA verbreiteten Bezeichnungen „language broker" bzw. „culture broker" entsprechen dem deutschen Begriff des Sprach- bzw. Kulturmittlers und werden im Folgenden mit Dolmetscher übersetzt.
[38] Informationen zur Methodik und zu den Studienteilnehmern finden sich in der Übersicht im Anhang; weitere Angaben stelle ich Interessierten auf Anfrage gern zur Verfügung.

unterschiedlichen Rahmenbedingungen bzw. Translationskulturen gilt diese Aussage offenbar sowohl für die USA und Großbritannien als auch für Österreich, Deutschland und die Schweiz. Eine Ausnahme bilden lediglich Länder wie Schweden und Australien, in denen schon seit Langem ein relativ hoher Professionalisierungsgrad erreicht wurde.

Weitere Erhebungen ergaben zudem, dass das Dolmetschen für die meisten Kinder von Migranten der ersten Generation ein fester Bestandteil des Alltags ist (z. B. Pöchhacker 2000a, Rajič 2006, Tse 1996, Green et al. 2005, Valdés et al. 2003). Hat ein Kind keine Erfahrung mit dieser Aufgabe, so ist dies i. d. R. darauf zurückzuführen, dass ältere Geschwister die Rolle als Familiendolmetscher übernehmen (vgl. Tse 1996:487ff.). Die Kontexte, in denen die Kinder aufwachsen, lassen sich laut Kuljuh (2003) wie folgt unterteilen: Es geht entweder um Flüchtlingskinder, Kinder von (Arbeits-)Migranten oder Kinder der zweiten und dritten Migrationsgeneration (vgl. ebd.:143). Anzunehmen ist, dass zwischen ihnen erhebliche Unterschiede hinsichtlich der Sprachkompetenz, der Häufigkeit der Dolmetscheinsätze, der allgemeinen psychischen Belastung und weiterer Faktoren bestehen.

Die Frage, für wen gedolmetscht wird, wird je nach Sprach- und Kulturzugehörigkeit unterschiedlich beantwortet. Allen gemeinsam ist die Tatsache, dass die Mütter hinsichtlich der Häufigkeit an erster Stelle stehen. Während bei einigen Kindern die Dolmetschtätigkeit auf die Familie beschränkt ist, fühlen sich andere auch für entferntere Verwandte, Nachbarn oder gänzlich Fremde aus der „community" zuständig.[39] Dies trifft besonders auf Sprachen zu, die aufgrund spezifischer Migrationsprozesse erst seit kürzerer Zeit in dem jeweiligen Land präsent sind (vgl. Green et al. 2005; Rajič 2006 u.a.). Die Dolmetschtätigkeit beginnt bei neu zugewanderten Kindern üblicherweise innerhalb der ersten beiden Jahre nach Ankunft in der neuen Heimat (vgl. z. B. Tse 1996:491), manchmal bereits nach wenigen Monaten (vgl. Valdés et al. 2003). In der ersten Zeit dolmetschen sie besonders häufig, obwohl Sprache und Kultur ihnen selbst noch fremd sind (vgl. z. B. Jones/Trickett 2005). Unabhängig von der Aufenthaltsdauer sind die Kinder im Durchschnitt etwa acht bis neun Jahre alt, wenn sie die

---

[39] Das Dolmetschen für Personen, die nicht zur Familie gehören, wird in der vorliegenden Arbeit außer Acht gelassen, da es meist nicht im medizinischen Kontext stattfindet und viele der hier zu untersuchenden Aspekte für andere Konstellationen nicht relevant sind.

Rolle als Familiendolmetscher übernehmen (vgl. Tse 1995; Trickett/Jones 2007). Einige Erhebungen kommen zu dem Schluss, dass Mädchen häufiger dolmetschen als Jungen (Weisskirch 2005; Buriel *et al.* 1998; Rajič 2006), was von den übrigen jedoch nicht bestätigt wird. Die Kinder berichten von Dolmetscherfahrungen in allen nur denkbaren Kontexten und Themenbereichen (vgl. Orellana *et al.* 2003; Kaur/Mills 1993:115).[40]

Befragungen von Kindern, Eltern und öffentlichen Einrichtungen zeigen, dass das Gesundheitswesen zu den Bereichen zählt, in denen Kinder sehr häufig dolmetschen, und tendenziell mit den größten Schwierigkeiten assoziiert wird (vgl. Pöchhacker 2000a; Rajič 2006; Green *et al.* 2005; Orellana *et al.* 2003). Als noch schwieriger werden lediglich juristische Fachgespräche beurteilt, die allerdings sehr viel seltener sind (vgl. Rajič 2006:166).

Im Gesundheitswesen geraten Kinder ausländischer Herkunft in eine besondere Position, die unmittelbar an die Migrationssituation geknüpft ist: In einheimischen Familien ist ein Kind in der Arztpraxis oder im Krankenhaus entweder Patient oder unbeteiligter Anhang, wenn beispielsweise keine Betreuungsmöglichkeit besteht. Innerhalb der Triade Arzt-Dolmetscher-Patient wird es dagegen zum zentralen Akteur, der die Verantwortung für den Erfolg der Kommunikation trägt.

3.2 Perspektive der Ärzte

Ärzte äußern sich häufig unzufrieden über Gespräche mit Patienten, in denen die Kinder dolmetschen müssen, nehmen diese jedoch in Kauf, da andernfalls gar keine Verständigung möglich wäre. Sie befinden sich in einem Spannungsfeld zwischen einer intuitiven oder begründeten Ablehnung dieser Lösung und der beruflichen Verantwortung, einen Patienten, der in ihre Praxis kommt, auch zu behandeln (vgl. Cohen *et al.* 1999:170). Diesem ethischen Anspruch verpflich-

---

[40] Als Beispiele werden genannt: Gespräche mit Vertretern, Handwerkern, Missionaren; Krankenhäuser, Arzt- und Zahnarztpraxen; Optiker; Schulen; Arbeitsplatz der Eltern; Behörden; Telefongespräche; Fernsehsendungen; die Themen reichen von häuslichen Angelegenheiten über Geschäftsverhandlungen bis zu Konflikten mit der Polizei.

ten sich alle Ärzte durch das Genfer Gelöbnis, das eine Weiterentwicklung des Hippokratischen Eides darstellt.[41]

Allgemein wird die Verdolmetschung durch Familienangehörige von den Ärzten deutlich negativer bewertet als von den Patienten selbst (Kuo/Fagan 1999:547). Auch in anderen Bereichen unterscheidet sich die Wahrnehmung der Ärzte erheblich von der der Patienten. So sind bei Kuo und Fagan (1999) die Ärzte knapp viermal so häufig der Meinung, ein nicht vorhandener oder schlechter Dolmetscher könne zu einer schlechten Behandlung geführt haben. Deutlich höher ist auch der Anteil der Ärzte, die bei einem auf Englisch geführten Gespräch im Nachhinein einen Dolmetscher für nötig gehalten hätten (70 % gegenüber 27,4 %). Im Vergleich zu anderen Laien bieten Kinder jedoch oftmals Vorteile, wie ein Arzt betont:

> „Kinder dolmetschen sehr gut, obwohl ich glaube, dass sie mit der Situation überfordert sind [...] Die Kinder sind aber von den Sprachkenntnissen her die besten Dolmetscher" (Slapp 2004:69).

Als Strategien, die bei einem Gespräch mit einem Kind als Dolmetscher die Kommunikation erleichtern können, werden eine vereinfachte, kindgerechte Sprache sowie der verstärkte Einsatz nonverbaler Kommunikation genannt. Bei der Benennung von Körperteilen oder der Beschreibung von Symptomen bieten sich Gesten oder Pantomime an, jedoch erschöpfen sich diese Kommunikationsmittel nach Einschätzung der Ärzte in den eher oberflächlichen Aspekten der Diagnose (vgl. Cohen *et al.* 1999:175; Hellbernd 1996:54).

Stellt sich ein Arzt aufgrund einer erhöhten Sensibilität darauf ein, dass er es mit einem Kind zu tun hat, führt es beinahe zwangsläufig dazu, dass bestimmte Fragen nicht gestellt werden können. Dies betrifft alle stark schambesetzten Themen, aber auch Bereiche, die unangenehme Wahrheiten über das Familienleben (z. B. häusliche Gewalt) zutage fördern könnten. Den Eltern sind jedoch gerade bei heiklen Themen die eigenen Kinder zuweilen am liebsten, da sie befürchten, Geheimnisse könnten an die Öffentlichkeit geraten, wenn ein anderer

---

[41] Relevant ist hier folgender Auszug aus dem „Genfer Gelöbnis": „Die Erhaltung und Wiederherstellung der Gesundheit meiner Patientinnen und Patienten soll oberstes Gebot meines Handelns sein. Ich werde alle mir anvertrauten Geheimnisse auch über den Tod der Patientin oder des Patienten hinaus wahren. Ich werde mit allen meinen Kräften die Ehre und die edle Überlieferung des ärztlichen Berufes aufrechterhalten und bei der Ausübung meiner ärztlichen Pflichten keinen Unterschied machen weder nach Religion, Nationalität, Rasse noch nach Parteizugehörigkeit oder sozialer Stellung [...]" (Bundesärztekammer 2006).

Vertreter der Sprachgemeinschaft als Dolmetscher agiert (vgl. Cohen *et al.* 1999:171). Verschwiegenheit gehört aus Sicht der Patienten schließlich zu den wichtigsten Eigenschaften, die ein Dolmetscher haben sollte (s. 2.2.2).

Auf die Frage, ob Kinder geeignet sind, in der Arzt-Patienten-Kommunikation zu dolmetschen, geben viele Ärzte eine relativ differenzierte Antwort. Zwar herrscht häufig ein unspezifisches Unbehagen vor, das mit einer Vorstellung von Kindheit als Zeit der Unschuld und Sorglosigkeit verknüpft ist (vgl. Cohen *et al.* 1999:163). Doch um ihrer beruflichen Verpflichtung wenigstens ein Stück weit gerecht zu werden, entscheiden die Ärzte nach eigenem Ermessen, die Bedenken in einigen Fällen hintanzustellen:

> „I don't feel that it's right really, they are having to grow up before their time in many ways. I think it puts a burden on them and it's quite inappropriate really, but it's clearly better than nothing ..." (Cohen *et al.* 1999:179; Hervorh. von mir).

In Abhängigkeit von der Art des Gesprächs zeichnen sich Tendenzen ab, Kinder als Dolmetscher zu akzeptieren oder abzulehnen. Dies soll im Folgenden weiter ausgeführt werden, wobei zu bedenken ist, dass die zugrundeliegende Befragung (Cohen *et al.* 1999) in London durchgeführt wurde, wo die Professionalisierung und damit vermutlich auch die Sensibilisierung des medizinischen Personals weiter vorangeschritten ist. Dennoch berichten die meisten Befragten von Kindern aller Altersstufen (von sechs bis acht Jahren aufwärts), die von ihren Eltern als Dolmetscher mitgebracht wurden. Von beiden Seiten wurde dies als eine Art Backup-Option angesehen, für den Fall, dass kein (semi-)professioneller Dolmetscher verfügbar ist (vgl. Cohen *et al.* 1999:168). Laut Einschätzung der Ärzte werden die Kinder allerdings eigens für Dolmetschzwecke mitgebracht und sind nur in Ausnahmefällen „zufällig" anwesend, wie es auch bei Einheimischen vorkommen kann.

Ob ein Kind als Dolmetscher akzeptiert wird, entscheiden die meisten Ärzte von Fall zu Fall. Die wichtigsten Kriterien, die hierbei berücksichtigt werden, sind neben den sprachlichen Fähigkeiten die Komplexität des Sachverhalts bzw. Diagnoseprozesses sowie die „*sensitivity*" des Gesprächs, also die Wahrscheinlichkeit, dass emotional oder moralisch problematische Themen zur Sprache kommen.

Bei „einfachen" Gesprächen wird es als unproblematisch angesehen, wenn ein Kind dolmetscht. Dazu gehören zum Beispiel Husten, Schnupfen und Halsschmerzen, also Krankheiten, die leicht diagnostiziert werden können, nicht mit der Lebensgeschichte verknüpft sind und keine tabubesetzten Bereiche des Körpers betreffen. Zudem ist die Wahrscheinlichkeit hoch, dass das Kind die Krankheit aus eigener Erfahrung kennt und das Konzept versteht. Ein weiteres Argument ist, dass es bei solchen Krankheiten möglich ist, sich in einer sehr einfachen Sprache auszudrücken, um sich auf das Kind einzustellen. In Bezug auf die Kategorie des „einfachen" Gesprächs sind alle Befragten der Ansicht, Kinder seien ab einem Alter von fünf Jahren in der Lage, die Rolle des Dolmetschers ausreichend zu erfüllen. Das Risiko einer Fehldiagnose mit entsprechenden Folgen sei demnach gering (vgl. Cohen *et al.* 1999:172f.).

In „komplexen" Gesprächen tritt ein gewisser Pragmatismus zutage, insofern als eine Fortführung der Verdolmetschung versucht wird, wenn das Kind mit der Komplexität zurechtzukommen scheint und die Situation eine hohe Dringlichkeit aufweist. Das Problem ist hier die mangelnde Überprüfbarkeit der Dolmetschqualität. Häufig hat das Kind keine Vorstellung von den Begriffen, die für die Diagnose relevant sind. Mitunter treten bereits bei der Benennung von Körperteilen Missverständnisse auf.[42]

Was die Frage nach einem aus ihrer Sicht notwendigen Kulturtransfer anbelangt, sind sich die befragten Ärzte darüber im Klaren, dass ein Kind diesen nicht leisten wird. Bei Verdacht auf eine psychosomatische Erkrankung wird daher in der Regel ein neuer Termin vereinbart, bei dem ein professioneller Dolmetscher zugegen ist (Cohen *et al.* 1999:174). Mit Blick auf Deutschland wäre von Interesse, wie damit umgegangen wird, wenn eine solche Alternative nicht zur Verfügung steht.

Zusammenfassend lässt sich das Problem bei „komplexen" Gesprächssituationen aus Sicht der Ärzte mit der Gefahr einer unzureichenden oder falschen Diagnose beschreiben. Die Untersuchungen am konkreten Transkript (Flores *et al.* 2003) belegen tatsächlich eine überdurchschnittlich hohe Fehlerquote. Das Gespräch, in dem ein Kind dolmetschte, weist bei vergleichbarer Gesprächsdauer wesentlich mehr Fehler auf als die übrigen (58, bei einem Schnitt von 31 und

---

[42] Als Beispiel nennt ein Arzt, dass ein Junge fortwährend „Bauch" dolmetschte, während seine Mutter auf ihren Hals zeigte. In dem Fall konnte das Missverständnis aufgrund der offensichtlichen Diskrepanz aufgelöst werden. Es zeigte sich, dass der Junge „nur" die Wörter verwechselt hatte (Cohen *et al.* 1999:173).

einem Minimum von 10). Noch auffälliger ist der Unterschied bei den Fehlern mit potenziellen Folgen für den Krankheitsverlauf (49, im Schnitt 19, mind. 5).

Die zweite Gesprächskategorie, bei der die befragten Ärzte Kinder als Dolmetscher für ungeeignet halten, umfasst Gespräche mit einem hohen Grad an „sensitivity". Im Wesentlichen betrifft dies Themen aus dem Bereich Sexualität sowie Themen, die mit emotionalen Problemen verknüpft sind. Während die meisten Ärzte bei „komplexen" Gesprächen noch versuchen, so viele Informationen wie möglich zu erhalten, neigen sie bei „intimen" Gesprächen zu einer Vertagung auf einen Termin mit einem erwachsenen Dolmetscher:

> „[...] if their main concern is that they have tummy ache or that when they have their monthly period it is painful, it's time that the discussion stops there [...] the questions I need to ask are such that I'll delve into areas that are too sensitive for the child really [...] I mean if you ask the child do you have pain during intercourse, do you have vaginal discharge [...] it limits my consultation, it limits the questions I will ask [...]" (Cohen et al. 1999:176).

Unter gewissen Umständen wird aber auch hier anhand der Reaktion des Kindes entschieden, ob das Gespräch fortgeführt werden kann. Wenn das Kind insgesamt reif und aufgeklärt wirkt, ein Mädchen beispielsweise in einem Alter ist, in dem es die Menstruation aus eigener Erfahrung kennt, halten einige Ärzte die Situation für weniger problematisch. Sie sehen die Kinder dann als halberwachsen und meinen, man könne ihnen sowohl zutrauen als auch zumuten, Fragen zum Thema Sexualität zu dolmetschen (vgl. Cohen et al. 1999:177). Die eigenen (Körper-)Erfahrungen der Kinder werden damit zu einem entscheidenden Kriterium bzw. einer Ressource, ähnlich wie bei den „einfachen" Gesprächen. Deutlich wird, dass dabei vor allem das Alter und das Geschlecht eine Rolle spielen. Töchter ab etwa zwölf Jahren gelten mehrheitlich als akzeptabel, während Söhne im Teenager-Alter nie als Dolmetscher in „intimen" Gesprächen eingesetzt wurden.[43] Neben der fehlenden Körpererfahrung sprechen vor allem Scham und Peinlichkeit dagegen: „[...] it is just too embarrassing, not for me but for them, the parent and the child" (Cohen et al. 1999:178).

Die Problematik bei „intimen" Gesprächen besteht aus Sicht der Ärzte somit nicht in der Gefahr von Missverständnissen und Fehldiagnosen, sondern in der

---

[43] Bei den getroffenen Aussagen geht es jedoch offenbar immer um Patientinnen. Daher finden sich keine Einschätzungen dazu, ob die oftmals reifer wirkenden Töchter auch für ihre Väter „intime" Gespräche dolmetschen können.

Verletzung von Tabus, die sie selbst als solche empfinden. Indem ein Arzt entscheidet, ein Kind als Dolmetscher abzulehnen, tritt er sozusagen als Hüter der Moral auf, der das Kind vor einem Verlust der Unschuld durch altersunangemessenes Wissen oder Sorgen schützen will. Mit seiner Entscheidung stellt er sich über die Eltern, die das Kind explizit zum Dolmetschen mitbringen (vgl. Cohen *et al.* 1999:184). Während er auf die Art von Wissen und Information Einfluss nehmen kann, führt allein schon die Akzeptanz des Kindes als Dolmetscher zu einer von den Ärzten als problematisch empfundenen Rollenumkehr (s. 3.5).

Ein grundsätzliches Problem ist, wie erwähnt, die fehlende Kontrolle der Ärzte über das Gespräch. Sie können weder sicher sein, dass ihre Fragen und Aussagen korrekt und vollständig gedolmetscht werden, noch dass sie alles erfahren, was die Patienten ihnen mitteilen wollen. Die Kommunikation wird beeinträchtigt, ohne dass Ärzte oder Patienten dessen gewahr werden. In einigen Fällen schämen sich die Kinder allgemein für das Verhalten ihrer Eltern, da diese oft nicht an die neue Kultur angepasst sind, was den Kindern sehr bewusst ist. In dem Versuch, ihre Eltern zu schützen und damit auch ihr eigenes Gesicht zu wahren, dolmetschen sie teilweise Fragen nicht, von denen sie meinen, der Arzt würde sie seltsam finden. Aufgrund der speziellen Dynamik des Eltern-Kind-Verhältnisses (s. 3.5) ist anzunehmen, dass die Gefahr der „Zensur" im Vergleich zu Gesprächen mit anderen Laiendolmetschern noch einmal erhöht ist.

In den Äußerungen der Ärzte bei Cohen *et al.* (1999) werden die Sorgen um die Kinder tendenziell stärker gewichtet als der Aspekt der Effizienz der Kommunikation. Hier sei jedoch erneut auf die juristischen Folgen von Fehldiagnosen hingewiesen (vgl. 2.1.4).

3.3 Perspektive der Patienten/Eltern

Für die Patienten hat es sowohl positive als auch negative Aspekte, wenn die eigenen Kinder das Gespräch dolmetschen. Zum einen ist es eine Entlastung, dass viele Informationen und Hintergründe den Kindern bereits bekannt sind und eine erhebliche Vertrautheit besteht. Der subjektive „Wohlfühlfaktor" ist bei bekannten Personen zunächst einmal höher als bei Fremden. Des Weiteren sprechen die unmittelbare Verfügbarkeit und die Kontinuität für den Einsatz, was auch einige

Autoren als grundsätzlichen Pluspunkt hervorheben (vgl. Kuo/Fagan 1999). Zum anderen sind viele Patienten jedoch sehr gehemmt, wenn es um persönliche Probleme oder intime Fragen geht, die sie gerade nicht in Anwesenheit der Kinder besprechen können. So kann es dazu kommen, dass Fragen aus Scham falsch beantwortet werden oder Probleme nicht angesprochen bzw. nur ausweichend und vage geschildert werden. Eine türkische Patientin beispielsweise lebte jahrelang mit ihren Schmerzen, da ihre Kinder für sie dolmetschten und sie in deren Gegenwart nicht offen über ihre Eheprobleme reden konnte, die sich bei einem späteren Gespräch als Hauptursache für die Beschwerden herausstellten (Mane 2004:60). Eine Ärztin berichtet von einem ähnlich problematischen Fall:

> „Es war eine unklare Einweisung, da war der Sohn mitgekommen, was eher die Ausnahme ist. Da ging's um eine Harninkontinenz. Das hat sie [die Patientin] völlig abgestritten und dann haben wir nochmal mit einer anderen Patientin übersetzt und da war es völlig klar, daß sie einen Urinverlust hat. Das sagte sie nicht im Beisein ihres Sohnes" (Hellbernd 1996:65).

In der Literatur finden sich zahlreiche Schilderungen solcher besonders schambesetzter Situationen, in denen die Tochter für den Vater oder der Sohn für die Mutter dolmetschen muss, also geschlechtsspezifische Tabus ins Spiel kommen (s. 3.2): Eine junge Türkin muss ihrem (sehr traditionellen) Vater übersetzen, dass er eine Schwellkörperprothese braucht (Hackenbroch 2000:226). Ein 15-jähriger Kurde weigert sich, für seine Mutter zu dolmetschen, als es um „Frauenprobleme" geht (Green *et al* 2005:2106). Zum Teil hat es sich daher etabliert, dass die Mütter nach Möglichkeit von der ältesten Tochter begleitet werden (vgl. Kaur/Mills 1993:114). Doch auch Töchtern können „Frauenthemen" sehr unangenehm sein. Ein Mädchen berichtet von ihrer Erfahrung als Dolmetscherin in einem Gespräch über:

> „the vagina and stuff, when I was about ten. She (mother) had to say these things and I don't think she wanted me to know really. I felt embarrassed in front of my mum. It was on my mind for a few weeks. I felt I was a bit too young to know about those things" (Kaur/Mills 1993:114).

Unabhängig vom Geschlecht gibt es Themen, bei denen sich Kinder sträuben, Details über ihre Eltern zu erfahren, geschweige denn diese selbst zu verbalisieren, beispielsweise Fragen nach dem Stuhlgang. Bei potenziell peinlichen Fragen wurde bei Kindern eine allgemeine Tendenz beobachtet, diese gar nicht zu dolmetschen (vgl. Ebden *et al.* 1988:347). Das hat wiederum erhebliche Konsequenzen für den Behandlungserfolg und stellt damit eine Gefährdung für die Gesundheit der Patienten dar, wie unter 2.2.3 gezeigt wurde.

In dieser Hinsicht unterscheiden sich medizinische Gespräche erheblich von anderen Alltagssituationen, in denen Kinder für ihre Eltern dolmetschen, beispielsweise beim Einkaufen oder auch bei Behörden, wenngleich dort andere Schwierigkeiten auftreten. Auffällig ist, dass die meisten Eltern den sprachlichen Kompetenzen ihrer Kinder beinahe uneingeschränkt vertrauen. Sie beachten nicht, dass die medizinische Fachsprache diese Kompetenzen übersteigen könnte. Statt dessen erwarten viele, dass ihre Kinder a l l e s verstehen und dolmetschen können (vgl. Rajič 2006).

Neben dem Vertrauen in die korrekte Verdolmetschung ist aufseiten der Eltern jedoch auch ein Bewusstsein vorhanden, dass die Kinder ihre Entscheidungen beeinflussen. Bei Araujo (2008) bringen sie deutlich ihre Zufriedenheit mit dieser Einflussnahme zum Ausdruck, da sie immer zu ihrem Besten erfolge (ebd.:43). Valdés *et al.* (2003) ziehen aus ihrer Befragung den Schluss, dass viele Eltern sich selbst dann auf ihre Kinder verlassen, wenn professionelle Dolmetscher zur Verfügung stehen. Sie nehmen sie entweder anstelle der Profis in Anspruch oder sozusagen als zusätzliches Paar Ohren, um im Zweifelsfall noch einmal überprüfen zu können, ob im Interesse der Familie gehandelt wird (ebd.:66). Dies legt nahe, dass die mangelnde Verfügbarkeit von professionellen Dolmetschern nicht der einzige Grund ist, aus dem Kinder als Dolmetscher eingesetzt werden. Araujo (2008) schließt aus ihrer Erhebung, dass das besondere Vertrauen und die enge Bindung zwischen den Eltern und ihren Kindern zu dieser Präferenz führen (vgl. 3.5). Diese Bindung werde gerade dadurch gestärkt, dass die Eltern es zulassen, einen Teil ihrer Rolle abzugeben, und darauf vertrauen, dass die Kinder immer in ihrem Sinne handeln und entscheiden, da dies zum Wohl der Familie beitrage (Araujo 2007:48). Ein solcher Grad an Engagement und Loyalität ist von Fremden aus ihrer Sicht nicht zu erwarten.

Bei den Patienten ist das Problembewusstsein somit besonders niedrig. Sie sehen in der Regel weder ihre eigene Gesundheit noch das Wohl ihrer Kinder gefährdet. Dass die Kinder für sie dolmetschen, ist ihnen aus vielen anderen Alltagssituationen vertraut und der medizinische Bereich stellt in ihren Augen keinen Sonderfall dar. Das uneingeschränkte Vertrauen in die Dolmetschfähigkeiten der eigenen Kinder muss jedoch als unberechtigt angesehen werden, wie die fehlerorientierten Analysen (2.2.3) zeigen. In Anbetracht dieser Erkenntnisse müsste eine Sensibilisierung für die Problematik nicht nur bei den Akteuren des Gesundheitswesens, sondern auch bei den Eltern ansetzen.

3.4 Perspektive der Kinder

Das Thema „Kinder als Medizindolmetscher" wird üblicherweise spontan mit dem Stichwort „Überforderung" assoziiert. Im Folgenden soll, gemessen an einigen der unter 2.2.1 präsentierten Kompetenzen eines Profis, dargestellt werden, wie diese Überforderung im Einzelnen aussieht und welche weiteren Aspekte aus Sicht des Kindes eine Rolle spielen, die auf den ersten Blick weniger offensichtlich sind. Der Blick ist dabei nicht in erster Linie auf die Unzulänglichkeiten der Dolmetschleistung gerichtet, sondern auf die möglichen Probleme, mit denen die Kinder konfrontiert werden.

Sprachliche Kompetenzen

In der Bilingualismusforschung wird überwiegend davon ausgegangen, dass jedes bilinguale Kind ab einem bestimmten Alter (je nach Komplexitätsgrad bereits ab ca. fünf Jahren) in der Lage ist, zwischen den beiden beherrschten Sprachen zu dolmetschen. Harris und Sherwood (1978) konzentrieren sich auf die Dolmetschfähigkeiten von bilingual aufgewachsenen Kindern und schreiben diesen unter dem Stichwort „*natural translation*" eine quasi angeborene Dolmetschkompetenz zu. Harris (1977) stellt fest, dass selbst kleine bilinguale Kinder ohne spezielles Training beim Dolmetschen hoch entwickelte kognitive und sprachliche Fähigkeiten aufweisen. Malakoff und Hakuta (1991) ergänzen dieses Inventar an „natürlich" entstandenen Kompetenzen um ein metasprachliches Bewusstsein sowie Dolmetschstrategien (zit. nach Tse 1996:486). Bullock und Harris (1997) plädieren daher für eine höhere Wertschätzung der Dolmetschfähigkeiten von Kindern und halten ihre Kompetenzen für ausreichend, um sie beispielsweise innerhalb des Schulalltags als Dolmetscher zu nutzen. Hinsichtlich einer Eignung außerhalb dieses Kontextes wird eingeräumt, dass die Leistungen der Kinder durch ihren Erfahrungshorizont bzw. die Vorstellungen ihrer

„Kinderwelt" begrenzt sind. Dennoch meinen die Autoren, die Kinder seien zu diversen Dolmetschtätigkeiten, auch in *„public service situations"*, in der Lage und würden sie zudem gern ausführen (Bullock/Harris 1997:227). Bei allem Respekt vor den häufig beachtlichen Leistungen sei hier jedoch noch einmal betont, dass Zweisprachigkeit aus Sicht der Translationswissenschaft nicht mit der Fähigkeit zum translatorischen Handeln gleichzusetzen ist, sondern lediglich eine Voraussetzung dafür darstellt, diese Fähigkeit zu entwickeln.

Hinzu kommt, dass bei den meisten Kindern, die im medizinischen Alltag in Deutschland als Dolmetscher eingesetzt werden, nicht von echter Zweisprachigkeit ausgegangen werden kann, da häufig beide Eltern nicht-deutscher Muttersprache sind und der jeweilige Spracherwerb sowohl zeitlich versetzt als auch stark kontextgebunden stattfindet. Während zweisprachig erzogene Kinder offenbar zur Bildung von Wortpaaren neigen, die beide Sprachen miteinander vernetzen (vgl. Harris/Sherwood 1978:167), lassen neurophysiologische Erkenntnisse vermuten, dass bei konsekutivem Spracherwerb infolge eines Migrationsprozesses eher zwei autonome Systeme nebeneinander existieren, sofern kein explizites Dolmetsch- oder Übersetzungstraining erfolgt (vgl. Info DaF 1998:549). Hinsichtlich der Dominanz von Mutter- und Zweitsprache gibt es Erkenntnisse, dass es bei Kindern mit der Zeit zu einer Verschiebung zugunsten der Zweitsprache kommt, selbst wenn in der Familie und in einem engeren sozialen Umfeld die Kommunikation ausschließlich in der Muttersprache stattfindet (vgl. Tse 1996:492).

Diese theoretischen Überlegungen finden sich auch in der Selbsteinschätzung der Kinder wieder. Schwierigkeiten, die beim Dolmetschen auftreten können, sind laut Aussagen der Kinder an Lücken im Wortschatz in einer der beiden Sprachen und an Probleme in der Interaktion zwischen den Parteien gebunden (vgl. Green *et al.* 2005:passim). Die sprachlichen Schwierigkeiten beim Dolmetschen setzen sich aus Verständnisproblemen im Deutschen sowie Formulierungsschwierigkeiten beim Dolmetschen ins Deutsche und beim Dolmetschen in die Muttersprache zusammen. Letzteres wird bei der Befragung von Rajič (2006) sogar am häufigsten genannt.

Bei den im Aufnahmeland geborenen Kindern ist der Gebrauch der Muttersprache auf die Kommunikation in der Familie beschränkt, wodurch viele Wörter aus dem medizinischen Bereich unbekannt sind, selbst wenn diese keinen Fachwortschatz darstellen (z. B. Lunge oder andere innere Organe) (vgl. Green *et al.* 2005; Rajič 2006). Für diejenigen, die selbst noch nicht so lange im Land leben, stellt dagegen die mangelhafte Beherrschung der Zweitsprache das größere Problem dar. Hier finden sich also Belege dafür, dass echte Zweisprachigkeit ohne entsprechendes Training kaum erreicht werden kann. Zwar äußern bei der Befragung von Green *et al.* (2005) gerade zwei jüngere Dolmetscherinnen (zehn und elf Jahre), sie hätten niemals Schwierigkeiten beim Dolmetschen, doch ist dies aller Wahrscheinlichkeit nach auf eine altersbedingt relativ geringe Reflektiertheit in Bezug auf die eigene Tätigkeit zurückzuführen.

Die Kombination aus Defiziten in einer der beiden Sprachen und der mangelnden Beherrschung medizinischer Fachausdrücke führt somit dazu, dass Kinder in sprachlicher Hinsicht beim Dolmetschen im Gesundheitswesen prinzipiell überfordert sind, was sie in Konflikte bringt und zu diversen Bewältigungsstrategien veranlasst.

Koordinationskompetenzen

Anders als professionelle Dolmetscher, die eine entsprechende Ausbildung haben, sich ihrer Rolle sowie der Anforderungen bewusst sind und über gezielt einsetzbare Strategien zur Gesprächskoordination verfügen, verstehen Kinder das Dolmetschen in der Regel schlicht als Aufgabe, die sie für ihre Eltern zu erfüllen haben. Sie haben klare und eng gesteckte Kommunikationsziele, je nachdem, wie der Auftrag der Eltern formuliert ist (z. B. „Sag dem Arzt, dass ...“). Den Erfolg ihrer Leistung messen sie daran, ob sie verstanden haben, was gesagt wurde, und ob sie sich selbst verständlich machen konnten. Dies sei dann gegeben, wenn die Gesprächspartner eine treffende Antwort geben (vgl. Valdés *et al.* 2003:95).

Im Sinne der translationswissenschaftlichen Überlegungen zum funktionalen Dolmetschen wäre hier also ein Skopos erkennbar, der in den Augen der Kinder vor allem darin besteht, die Basisfunktionen von Kommunikation zu sichern. Kompetenzen für eine aktive Koordination des Gesprächs können daraus hingegen nicht abgeleitet werden. In Momenten, in denen eine Koordination des Gesprächs erforderlich wäre, kommt es daher leicht zu einer Überforderung und zugleich zu Rollenkonflikten. So haben einige Kinder Angst, sie könnten schlecht dastehen, wenn sie ständige Wiederholungen des Patienten dolmetschen und diese Redundanz ihnen selbst zugeschrieben wird (vgl. Green *et al.* 2005:2104). Diesen inneren Konflikten wird mit unterschiedlichen *facekeeping*-Strategien begegnet, die wiederum die Kommunikation beeinträchtigen können. Ein entscheidender Faktor ist hier das jeweilige Verhalten der Ärzte. Green *et al.* (2005) zufolge fühlen sich die Kinder als Dolmetscher zuweilen zu wenig ernst genommen. Für den Umgang mit Dolmetschern wird Ärzten i. d. R. empfohlen, Blickkontakt zum Patienten zu halten. Kinder, denen eine professionelle Auffassung von ihrer Tätigkeit fehlt, können von einem solchen Verhalten irritiert sein, wie folgende Aussage zeigt:

> „... but they would still carry on looking at my Mum [...] It's sort of annoying, because it's like I am here to help her and you are not looking at me [...] when I talk to people, I like to have eye contact" (ebd.:2104).

Generell meinen viele Kinder, dass die Ärzte ihnen die Aufgabe nicht zutrauen und genervt sind, weil sie sich nicht direkt an die Erwachsenen wenden können (ebd.). Andererseits wird berichtet, dass die Ärzte dennoch Informationen bereitwillig wiederholen sowie langsam und deutlich sprechen (Green *et al.* 2005:2102; Rajič 2006:164). Dies deckt sich mit dem unter 3.2 erläuterten Dilemma der Ärzte, einerseits Kinder als Dolmetscher abzulehnen, andererseits bemüht zu sein, das Beste aus der Situation zu machen.

Die Gefahr einer Überforderung ergibt sich im Wesentlichen daraus, dass die Kinder die aktive Koordination nicht zu ihren Aufgaben zählen und daher weder den Arzt noch die Eltern unterbrechen, wenn die Passagen zu lang werden, es zu Überschneidungen kommt oder eine der Parteien das Kind als primären Gesprächspartner ansieht.

Rollenkompetenzen

Kinder, die beim Arzt für ihre Eltern dolmetschen, übernehmen vielfältige Rollen. Sie agieren als Vermittler, z. B. zwischen Mehrheits- und Minderheitsgesellschaft, als Fürsprecher (*advocate*), Berater oder Entscheidungsträger (vgl. z. B. Tse 1996:486f.). Zumindest ältere Kinder und Jugendliche scheinen sich über den Unterschied zwischen Dolmetschen und darüber hinausgehenden Funktionen sehr im Klaren zu sein. Als Beispiel für unterschiedliche Vorstellungen von ihrer Rolle seien zwei Aussagen aus der Sicht von Jugendlichen gegenübergestellt:

"so my Mum is taking the role of the adult, and I am just like translating."
"It makes me feel quite grown up ... cause it feels like I can talk to the doctors about important things for myself" (Green *et al.* 2005).

Da der Akkulturationsprozess bei den Kindern in der Regel schneller voranschreitet als bei den Eltern, versuchen sie beim Dolmetschen, eine potenzielle Diskrepanz im Verhalten und in der Ausdrucksweise auszugleichen und eine kulturell angemessene Formulierung zu wählen. Darin entsprechen sie der Rolle des Kulturmittlers, die einem Dolmetscher auch innerhalb der Translationswissenschaft zuweilen zugedacht wird (vgl. z. B. Reiß/Vermeer 1984). Die Anpassung an die Mehrheitskultur verbessert häufig die Erfolgschancen für die Vertretung der eigenen Interessen. Somit tragen die Kinder auf dieser Ebene eine nicht unerhebliche Verantwortung, die sie auch in Konflikt mit den eigenen Eltern bringen kann (vgl. Kaur/Mills 1993:passim). Dies illustriert folgende genervte Reaktion einer 15-Jährigen auf die wiederholte Weigerung ihrer Mutter, konkret auf das zu antworten, wonach die Ärztin fragt: „[...] ja wir sind jetzt aber nicht mehr in Jugoslawien, wir sind jetzt in Berlin und damit mußt du jetzt leben" (Hellbernd 1996:66).

Einige der Befragten bei Green *et al.* (2005) sagen auch, sie würden aktiv für ihre Mutter dolmetschen wollen, weil diese nicht in der Lage sei, ihre Rechte zu vertreten, auch wenn ein professioneller Dolmetscher für die sprachliche Verständigung sorgen könnte. Diese Funktion wird in der Literatur häufig als *advocacy* bezeichnet und entspricht den Erwartungen vieler Eltern, mit dem Unterschied, dass hier die Kinder von sich aus die Übernahme dieser Rolle als notwendig erachten.

Ähnlich verhält es sich mit der Aufgabe, die Eltern in einem guten Licht zu präsentieren, wofür sich viele Kinder zuständig fühlen (vgl. Valdés *et al.* 2006:63). Sie betreiben hier aktive *face-work*-Strategien, sowohl für sich, als auch für ihre Eltern. Dieses Phänomen, das beim Dolmetschen häufiger zu beobachten ist, tritt insbesondere dann ein, wenn sich die dolmetschende Person mit dem primären Gesprächspartner identifiziert oder meint, mit diesem identifiziert zu werden. Die Reaktionen auf die Angst vor einem möglichen Gesichtsverlust durch einen *face threatening act* erfolgen häufig unbewusst und können ohne entsprechendes Training nur schwer vermieden werden (vgl. Cambridge 1999:203).

Das Treffen eigenständiger Entscheidungen ohne die Einbeziehung der Eltern wird in alltäglichen Situationen wie dem „Türschwellengespräch" zur Normalität, wie bei Kaur und Mills (1993) zwei Drittel der Kinder bestätigen. In speziellen Situationen wie einem medizinischen Gespräch ist dies eher die Ausnahme, wie sich in folgenden Aussagen zeigt:

> "... if it's for my Mum, she will make the decision and I will tell the doctor."
> "... I ain't got no right to choose for her" (Green *et al.* 2005:2105).

Doch es kann auch passieren, dass ein Kind durch das Verhalten der Ärzte in die Entscheidungsträgerrolle gedrängt wird:

> "I used to have to translate for my mom at the doctor's office so much that it came to the point where the doctor would only talk to me. He wouldn't even look at my mom. Instead he would ask me for updates and symptoms. Afterwards he would give me his recommendations and had me choose what the best options would be for my mom. Often I had to interrupt him to explain what had been going on with my mom and to ask her what she thought, but I must admit that sometimes I made choices for her without asking her first" (Orellana *et al.* 2003:518).

Durch ihre Stellung als Dolmetscher können Kinder Gespräche kontrollieren oder auch zensieren, wenn dies ihren eigenen Interessen förderlich ist. Diese Eingriffe in den Kommunikationsprozess bleiben den anderen Teilnehmern in der Regel verborgen (vgl. Kaur/Mills 1993). Eine solche Einflussnahme erfolgt auch, wenn die Kinder die Äußerungen ihrer Eltern als kulturell oder situativ unangemessen (z. B. unklar, zu unterwürfig, zu fordernd) werten. Dieses Verhalten deutet darauf hin, dass sich die Kinder in vielen Fragen für kompetenter halten als ihre Eltern, worauf unter 3.5 noch näher eingegangen wird. Dass sich Kinder ihrer Macht durchaus bewusst sind, spiegelt sich in folgender Aussage:

> „It does make you powerful, because you always know something before them and you have to pass it down to them, whereas, usually, it's them passing information down to you. It makes you feel good, knowing, 'I know now but I have the choice of whether I want to tell them or not'" (Kaur/Mills 1993:121).

Neben der Macht, das Gespräch beeinflussen zu können, entsteht auch durch das Bewusstsein um die Abhängigkeit der Eltern mitunter ein Druckmittel. Bei Rajič (2006) findet sich das Beispiel eines 13-jährigen Jungen, der von seinem Vater als Gegenleistung für das Dolmetschen eine Playstation verlangte (ebd.:153).

Emotionale/psychische Belastung

Prinzipiell kann ein Kind beim Dolmetschen sehr unterschiedliche Gefühle erleben (s. 3.5), wobei das Setting einen nicht zu vernachlässigenden Einfluss hat. Ein Arztbesuch ist gerade für jüngere Kinder häufig mit einer allgemeinen Angst verbunden. Die Assoziation mit Krankheit und Schmerz, aber auch sterile Räume, weiße Kittel und fremde Gerüche führen zu Unbehagen und Nervosität (vgl. Rajič 2006:170). Soll ein Kind in einer solchen Situation dolmetschen, so wird es zusätzlich mit weiteren Gefühlen konfrontiert. Das zentrale Problem im medizinischen Gespräch ist die fehlende emotionale Distanz, die auch bei anderen Laiendolmetschern zu beobachten ist, Kinder jedoch besonders belastet, da sie in höchstem Maße in das Geschehen und die möglichen Konsequenzen involviert sind.

Besonders in medizinischen Gesprächen spielt der Aspekt der Verantwortung meist eine größere Rolle als der oben erwähnte Machtaspekt. Die Kinder werden mit Informationen konfrontiert, die nicht für sie bestimmt sind, doch von ihnen hängt es ab, ob die Information den eigentlichen Adressaten erreicht. Ein Konflikt entsteht beispielsweise, wenn eine Information des Arztes in den Augen des Kindes ein Tabu darstellt oder es die Eltern vor tragischen Nachrichten verschonen will. Um deren Hoffnungen nicht zu zerstören, behält es schlechte Diagnosen für sich, was zu einer starken psychischen Belastung führen kann. Eine Kinder- und Familientherapeutin berichtet von einem Mädchen, das so als einzige in der Familie wusste, dass der Bruder unheilbar krank ist (Rajič 2006:155). In einem anderen Fallbeispiel soll eine 7-Jährige der Mutter im Kreißsaal sagen, dass ihr Baby tot ist. Das Mädchen schafft es nicht, die Nachricht zu vermitteln und erlebt selbst einen heftigen Schock (Ilkilic 2002:78).

In den genannten Beispielen fühlen sich die Kinder für den emotionalen Zustand ihrer Eltern verantwortlich. Noch stärker präsent ist das Verantwortungsgefühl in Bezug auf den Erfolg der Kommunikation. Mehr als die Hälfte der von Rajič (2006) befragten Kinder geben an, nicht alles zu verstehen, was der Arzt sagt. Eine 11-Jährige berichtet:

> "There are times, especially with doctors, when I have no idea what they are talking about. But I have to translate something. My parents rely on me" (Hedges 2000).

Bedingt durch die Tatsache, dass die Kinder als Sprachexperten gelten, kommt es gerade dann zu einem (inneren) Konflikt, wenn sie etwas nicht verstehen. Es ist ihnen peinlich, sich die Blöße zu geben, noch einmal nachzufragen. Andererseits ist ihnen bewusst, wie wichtig die Informationen sind, die der Arzt vermitteln möchte. Das Bewusstsein, etwas nicht oder falsch gedolmetscht zu haben, kann zu einer extremen Belastung werden. Wenn sich der Gesundheitszustand des Elternteils nicht bessert, werden bei den Kindern häufig heftige Schuldgefühle ausgelöst (vgl. Kuljuh 2003:147). Druck und Überlastung führen dann nicht selten zu einer kompletten Sprachverweigerung (vgl. Rajič 2006:158).

Zum Teil kommt es bei Kindern bereits kurz nach einem Dolmetscheinsatz zu Symptomen, die auf eine emotionale Überforderung hindeuten. Kuljuh (2003) zufolge gehören dazu psychosomatische Störungen wie Schlafstörungen, Übelkeit, Kopfschmerzen, aber auch aggressive, regressive oder depressive Reaktionen (vgl. ebd.:147). Weitere mögliche Folgen sind Bauchschmerzen, Hautausschläge, Unkonzentriertheit und Lernprobleme, wobei m. E. schwer festzustellen ist, ob das Dolmetschen die einzige Ursache für diese Reaktionen ist. Gleiches gilt für Verhaltensauffälligkeiten wie Trotzverhalten, Anpassungsschwierigkeiten, Vermeidungsverhalten, Zurückgezogenheit oder Fantasieren, die von der bei Rajič (2006:158) befragten Therapeutin genannt werden.

Ein besonders tragisches Beispiel findet sich bei Jacobs et al. (1995:474): Eine 10-Jährige wurde durch ihre Dolmetschtätigkeit im Rahmen der Behandlung ihres todkranken Bruders so sehr involviert, dass sie eine lebensgefährliche Essstörung entwickelte. Die Ärzte betonen, dass das Mädchen nicht auf eine für Geschwister gesunde Weise in den Trauerprozess eingebunden werden konnte, sondern durch ihre Verantwortung weit über das ihrem Entwicklungsstand entsprechende Maß hinaus beansprucht wurde. Die Symptome wiesen eine starke Ähnlichkeit zu denen sexuell missbrauchter Mädchen auf, was als Ursache jedoch eindeutig ausgeschlossen wurde.

3.5 Folgen für die Persönlichkeitsentwicklung und Familiendynamik

In der Literatur konzentrieren sich die einschlägigen Beiträge zu den Auswirkungen auf die Kinder bisher überwiegend auf dramatische Einzelereignisse (wie unter 3.4 angeführt), in denen der potenzielle Schaden für die Kinder offensichtlich ist. In diesem Kapitel werden längerfristige Auswirkungen der regelmäßigen Dolmetschtätigkeit von Kindern auf das Familiengefüge und die individuelle Entwicklung der Kinder erörtert. In den zugrundeliegenden Studien wird meist nicht zwischen den verschiedenen Settings differenziert, daher kann der Einsatz im Gesundheitswesen nicht zuverlässig als isolierter Einflussfaktor gewertet werden. Die im bisherigen Verlauf erläuterten Implikationen dieses Spezialfalls können jedoch als Grundlage für eigene Interpretationen dienen.

Vorangestellt sei ein Kommentar aus den Interviews von Cohen *et al.* (1999), der die Sicht eines Arztes auf das Kind und die Eltern widerspiegelt:

> „ ... there is a terrible feeling of how it would grow up and take too much responsibility too soon which is sad for them. I also think it is sad for parents to be dependent on their children in that way. Very disempowering for them as parents and as human beings to sort of have to depend on their kids to do that. I think it must be difficult for both parties" (ebd.:179).

Den relativ unspezifischen Bedenken, die hier zum Ausdruck kommen, soll im Folgenden auf den Grund gegangen werden.

Ein Generationenvertrag?

Wie lässt sich das weltweit verbreitete Phänomen der „Kinderdolmetscher" überhaupt erklären? Green *et al.* (2005) halten fest, dass es in den meisten Migrantenfamilien als „normal" angesehen wird, wenn die Kinder als Dolmetscher herangezogen werden. Da sie von allen Familienmitgliedern die besten Sprachkenntnisse aufweisen, wird selbstverständlich erwartet, dass sie diese Rolle übernehmen, die demnach nicht als unangemessene Bürde verstanden wird. Vielmehr wird das Dolmetschen innerhalb der „Arbeitsteilung" in der Familie als natürliche Aufgabe der Kinder wahrgenommen (Green *et al.* 2005:2098). Dahinter steht die Werthaltung, dass jedes Familienmitglied nach seinen Möglichkeiten zum Erfolg der Familie beitragen sollte (vgl. Araujo 2008:38). Zweisprachigkeit wird von den Kindern erwartet, damit diese die Brücke zur Aufnahmegesellschaft schlagen können. Die Leistungen der Kinder sind zudem wichtiger Bestandteil des Familienstolzes (vgl. Green *et al.* 2005:2097f.). Verknüpft wird diese Erwartungshaltung auch mit der Überzeugung vieler Eltern, sie seien ihren Kindern zuliebe in ein fremdes Land gegangen, damit diese später bessere Chancen hätten (vgl. Kaur/Mills 1993:118). In diesem Fall sehen sie die Dolmetschleistungen als eine Art vorzeitige Rückzahlung dessen, was sie ihren Kindern durch den Umzug ermöglichen (vgl. Araujo 2008:15). Einige argumentieren zudem, die Kinder würden sich, indem sie ihren Eltern helfen, im Endeffekt selbst helfen, da die ganze Familie davon profitiere (vgl. ebd.:38).

Vonseiten der Kinder ist die Bereitschaft zum Dolmetschen unterschiedlich motiviert. Viele Kinder geben an, dass sie gerne dolmetschen. Sie genießen ihre Erwachsenenrolle und sind stolz auf ihre Fähigkeiten. Ebenso entscheidend für die Motivation ist jedoch das Pflichtgefühl, das sie ihren Eltern gegenüber empfinden. Dies ist zumindest der Grund dafür, dass die meisten auch in Situationen dolmetschen, in denen sie sich unwohl fühlen (vgl. Rajič 2007:153).

Familiendynamik

Ausgangspunkt für die folgende Betrachtung der Familiendynamik ist die Vorstellung, dass innerhalb der Familie ein Macht- und Wissensgefälle von den Eltern zu den Kindern besteht und Eltern gegenüber ihren Kindern als Autorität fungieren. Das in unserer Gesellschaft als üblich angesehene Gesprächsverhalten impliziert zudem, dass Kinder oftmals nicht einmal für sich selbst sprechen bzw. sprechen dürfen, sondern die Eltern für sie sprechen. In den hier behandelten Dolmetschsituationen sprechen dagegen Kinder für ihre Eltern. Diese Aufhebung der Generationengrenzen ist vermutlich einer der Gründe für das spontane Unbehagen, das viele empfinden, wenn sie mit Kindern zu tun haben, die für ihre Eltern dolmetschen. Bei der Beurteilung der Familienprozesse muss allerdings berücksichtigt werden, dass die Familie und der familiäre Zusammenhalt in den meisten Kulturen eine größere Rolle spielen als in Deutschland oder den USA (vgl. Trommsdorf 2001:44f.). Ähnliches gilt für die Bedeutung von Respekt und Gehorsam gegenüber den Eltern (vgl. Love/Buriel 2007:475). Ebenso wird die Haltung der Eltern von der jeweiligen Motivation beeinflusst, die den Migrationsprozessen zugrunde liegt.

Doch wie wirken sich die erwähnten Verschiebungen in der Rollenverteilung von Eltern und Kindern aus? Den meisten Erfahrungsberichten ist zu entnehmen, dass die Familie durch die Dolmetschtätigkeit der Kinder stärker zusammenwächst, was von vielen positiv gewertet wird (vgl. Kaur/Mills 1993:116). Grund dafür ist die wechselseitige Abhängigkeit zwischen Eltern und Kindern, die den Kindern nach eigenen Angaben die Möglichkeit gibt, etwas von dem zurückzugeben, was die Eltern für sie tun. Die Kinder entwickeln Mitgefühl und Verständnis für die Probleme ihrer Eltern (vgl. Buriel *et al.* 1999). Love und Buriel (2007) betonen, dass diese enge Bindung das Selbstbewusstsein fördere, die Neigung zu Depressionen mindere und riskantem Verhalten wie Drogenkonsum entgegenwirke (ebd.:475). Zugleich kann sie jedoch die Autonomieentwicklung verhindern, die aus psychologischer Sicht grundlegend für eine gesunde Persönlichkeit ist (s. u.). Der Sohn in einer Fallstudie von Morales und Aguayo (2010) dolmetscht gern und richtet sein gesamtes Verhalten darauf aus, dass seine Eltern stolz auf ihn sein können. Anders als seine nicht dolmetschenden Geschwister verbringt er lieber Zeit mit seiner Mutter als mit Freunden und scheint auch sein künftiges Leben in den Dienst der Familie stellen zu wollen:

> "I mean that I will be always there and they will know I can help them with anything they need or I am older and they have problems with money, I will give them and if they have a problem at work, I can go with them and translate [...]" (Morales/Aguayo 2010:226).

Die Erwartungen, die sich aus der oben erwähnten Sicht auf das Dolmetschen als Gegenleistung für ein besseres Leben ergeben, können zudem Druck auf die Beziehung zwischen Eltern und Kindern ausüben, wie eine Jugendliche berichtet: „If I can't interpret, mum gets frustrated and says I should know because I was brought up here." Oder wie es ein Vater formuliert: „If they hesitate and stumble when interpreting, we say, 'What are we sending you to school for?'" (Kaur/Mills 1993:117). Aufseiten der Eltern kann das Gefühl von Abhängigkeit und Ohnmacht zu Wut und Frustration führen. Außerdem verlieren sie durch die Abhängigkeit einen Teil ihrer Autorität, was sich im gesamten Familienalltag bemerkbar machen kann und häufig Machtkämpfe provoziert (vgl. Araujo 2008:12). Besonders bei Vätern, die so ihre Rolle als Familienoberhaupt nicht erfüllen können, besteht ein erhöhtes Depressionsrisiko (vgl. Martinez *et al.* 2008:86). Viele Kinder weisen ein hohes Bewusstsein hinsichtlich der Ausnahmekonstellation in ihrer Familie auf und führen diese eindeutig auf die Migrationsgeschichte zurück. So sagt ein vietnamesisches Mädchen deutlich, dass es in ihrer Heimat nie zu einem solchen Rollentausch gekommen wäre: „Over there the kids are supposed to be like kids [...] they don't do anything that's adult like" (Green *et al.* 2005:2107).

Es ist anzunehmen, dass sich die mit dem Dolmetschen verbundenen Gefühle und die Familiensituation wechselseitig beeinflussen. Weisskirch (2007:554) findet Belege für einen Zusammenhang zwischen familiären Spannungen und einer Abneigung gegen das Dolmetschen. Eine positive Korrelation scheint auch zwischen der Häufigkeit der Einsätze und der Wahrnehmung von Familienkonflikten zu bestehen (vgl. Trickett/Jones 2007). Eine klare Trennung von Ursache und Wirkung ist allerdings nicht möglich. Besonders häufig wird schließlich für Eltern gedolmetscht, die über eine geringe Bildung verfügen und kulturell wenig angepasst sind (vgl. Martinez *et al.* 2008). Daher sind diese Familien wahrscheinlich insgesamt stärker belastet (z. B. durch Arbeitslosigkeit), was sich auf das Verhältnis zwischen Eltern und Kindern auswirken kann. Aus Sicht der Kinder wird es positiv gewertet, wenn mit der Verantwortung, die ihnen durch ihre Rolle als Dolmetscher übertragen wird, auch Privilegien wie ein höheres Maß an Eigenständigkeit einhergehen (vgl. Love/Buriel 2007:484ff.).

Die Spannung, die entsteht, wenn man sich einerseits für die Belange der Eltern einsetzen soll (*„advocacy"*), andererseits aber Passivität im Familiengefüge erwartet wird, empfinden viele Kinder als unangenehm und belastend. Noch größer ist der innere Konflikt, wenn die Kinder in medizinischen Gesprächen die Interessen der Ärzte gegenüber ihren Eltern vertreten, also für die „andere Seite" agieren sollen und damit divergierenden Erwartungen ausgesetzt sind (vgl. Green *et al.* 2005:2106). Für die Familie wird es besonders problematisch, wenn an die Dolmetscherrolle zusätzliche Verantwortung geknüpft wird, das Kind also beispielsweise darauf achten soll, dass die Mutter ihre Medikamente regelmäßig einnimmt. Hierzu äußert sich eine 16-Jährige:

> „I respect my Mum as an Asian girl respects her Mum ... there are certain things we can't communicate with our parents ... in a way I was getting close to my Mum, but then again I was feeling embarrass as well. When I say "Mum, did you take your medicine?" she used to feel embarrassed because "my daughter is telling me" (Green *et al.* 2005:2106).

Die psychischen Folgen für das Kind sind laut Kuljuh (2003) davon abhängig, für wen gedolmetscht wird, was gedolmetscht wird und wie belastet es durch seine allgemeine Lebenssituation ist. Gerade bei Flüchtlingskindern, die selbst mitten in der Krisenbewältigung stecken, können beim Dolmetschen traumatische Erlebnisse und Ängste zu einem ungünstigen Zeitpunkt wieder durchbrechen und es kann zu einer Retraumatisierung kommen (vgl. ebd.:145). Speziell für medizinische Gespräche kommt hinzu, dass es bei Kindern Verlustängste auslöst, wenn sie erfahren, dass ein Elternteil krank ist (vgl. ebd.:146). Daher versuchen Eltern normalerweise, ihren Kindern Details zu ersparen und ihnen eher beruhigende Informationen zu übermitteln. Fungiert das Kind als Dolmetscher, so ist es unmittelbar und ungefiltert mit medizinischen Diagnosen konfrontiert. Besonders schwerwiegend sind diese Probleme erneut bei Flüchtlingsfamilien, da die Eltern häufig traumatisiert und insgesamt mit der Situation überfordert sind, sodass sie sich bei der Bewältigung ihres Alltags noch mehr als andere auf ihre Kinder angewiesen fühlen. Durch die Lebensbedingungen in der alten Heimat, die Flucht und den meist unsicheren Aufenthaltsstatus ist ihr Gesundheitszustand besonders schlecht, was überproportional häufige Arztbesuche und damit verbundene Ängste zur Folge hat (vgl. Kotterba/ Klamann 2009:7).

Sprache und Identität

Die Beherrschung ihrer Muttersprache ist für die meisten Befragten ein wichtiges Element ihrer Identität, das auch für die Familienidentität von großer Bedeutung ist (vgl. Green *et al.* 2005:2100). Aus den oben genannten Erkenntnissen zum Spracherwerb und den von Kindern erwähnten Dolmetschproblemen wird jedoch ersichtlich, dass gerade die Kompetenzen in der Muttersprache häufig auf den familiären Kontext beschränkt sind und viele Defizite aufweisen. Damit dient sie nur bedingt zur Identitätsbildung und kann auch zu einem trennenden Element zwischen Eltern und Kindern werden, wie ein 15-jähriger Junge kurdischer Abstammung berichtet:

> „Sometimes I forget the word [...] and my Dad goes like 'how can you be my son, you can't even speak Kurdish!'" (ebd.).

In der Zweitsprache sind die Kompetenzen der Kinder ihren eigenen Aussagen zufolge meist sehr gut. Wie Rajič (2006) feststellt, kommt es hier allerdings häufig zu einer Selbstüberschätzung, insbesondere bei Kindern, die wenige Kontakte außerhalb ihres Kulturkreises haben. Sie gelten in ihren Familien als Sprachexperten und haben keinen realistischen Vergleich mit deutschen Muttersprachlern, sodass sie den Maßstab sehr niedrig anlegen (vgl. ebd.:145). In Großstädten bietet schließlich selbst die Schule nicht immer Gelegenheit zu einer Korrektur dieses Bildes.

In der anspruchsvollen Dolmetschsituation, die ein medizinisches Gespräch darstellt, werden die Kinder mit ihren Sprachdefiziten in der Mutter- und/oder der Zweitsprache konfrontiert, was negative Folgen für das Selbstbewusstsein haben kann. Das Gefühl, keine der beiden Sprachen wirklich zu beherrschen, kann zudem in eine Identitätskrise münden (vgl. Rajič 2006:170). Nicht zuletzt führt es zu Versuchen, diese Defizite zu verstecken bzw. zu überspielen, und damit zu den bereits mehrfach erläuterten Beeinträchtigungen der Kommunikation.

Auch der kulturelle Spagat, den Kinder mit Migrationshintergrund oftmals zu bewältigen haben, kann sich durch das ständige Vermitteln zwischen den weniger angepassten Eltern und der Mehrheitsgesellschaft zusätzlich vergrößern. Die eigene Akkulturation wird durch den Einblick in viele landestypische Situationen beschleunigt, was für die Integration positiv ist, jedoch zu Loyalitätskonflikten führen kann (vgl. di Gallo 2010:54f.). Diese werden durch den Umstand verstärkt, dass sich gerade Jugendliche für die schlechten Sprachkenntnisse ihrer Eltern oder deren Andersartigkeit schämen (vgl. Kuljuh 2003:146). Bei vielen Jugendlichen führt das Dolmetschen zu einem Gefühl des Erwachsenseins, das gleichaltrige Einheimische in ihren Augen unreif erscheinen lässt. Als Folge orientieren sie sich verstärkt an Jugendlichen aus ihrem eigenen Kulturkreis und entwickeln mit ihnen gemeinsam eine „dritte" Identität, die auf Werten beider Kulturen basiert (vgl. Guske 2009:377).

Selbstbild und Einstellung zum Dolmetschen

In der Selbsteinschätzung der Kinder hat die Übernahme der Dolmetscherrolle unterschiedliche Auswirkungen. Die zusätzliche Verantwortung wird von den meisten als Last angesehen und mit zum Teil erheblichem Stress verbunden. Als positive Aspekte werden jedoch auch immer wieder ein gestärktes Selbstbewusstsein, Unabhängigkeit und Reife, kulturelle Kompetenzen in beiden Kulturen sowie ein enges Vertrauensverhältnis zu den Eltern genannt (vgl. z. B. Green *et al.* 2005, Tse 1996, Valdés *et al.* 2003, Buriel *et al.* 1998, Araujo 2008). Laut Morales und Aguayo (2010:217) sehen sich die Kinder überwiegend als selbstsichere und hilfsbereite Persönlichkeiten mit liebenswürdigen Eigenschaften.

Im Falle eines erfolgreich gedolmetschten Gesprächs entsteht bei Kindern (wie auch bei Erwachsenen) ein Gefühl von Stolz. Sie fühlen sich wichtig und erwachsen (vgl. z. B. Tse 1995; Valdés *et al.* 2003). Bei Misserfolgen und schwierigen Gesprächen kommt es aufseiten der Kinder dagegen häufig zu Frustration und Minderwertigkeitsgefühlen (vgl. Weisskirch/Alva 2002). Hinzu kommt der Unmut darüber, dass die eigenen Freizeitaktivitäten unter den Dolmetscheinsätzen leiden. Hierzu äußert sich eine 11-Jährige:

> "And sometimes I have my own life, my own work to do, but I have to stop to help my brother or leave to go with mother or father. It is tiring" (Hedges 2000).

Des Weiteren versäumen die Kinder und Jugendlichen durch ihre Dolmetscheinsätze einen Teil des Schulunterrichts, was neben dem verpassten Schulstoff zusätzliche Probleme nach sich zieht. Die Kinder geraten in Konflikte mit den Lehrern, da sie es als prioritär ansehen, der Familie zu helfen, während die Lehrer dem Unterricht Vorrang einräumen und das Dolmetschen nicht als angemessenen Grund für ein Fehlen in der Schule ansehen:

> „My Mum is more important [than school work], I can re-do work or something, but [...] this might be serious [...] and I'd blame myself if I didn't actually go"
> „And they [teachers] say it's unacceptable ... their faces, yeah, it's like well you shouldn't do that" (Green *et al.* 2005:2107; Anm. im Orig.).

Green *et al.* (2005) heben hervor, welche emotionalen Anstrengungen damit verbunden sind, die Dolmetschtätigkeit vor anderen Erwachsenen zu verteidigen und sich von Stigmatisierungen zu befreien. Schließlich seien die betroffenen Kinder in ihrer Selbstwahrnehmung als Hilfe für die Familie unverzichtbar.

Die prozentuale Verteilung der positiven und negativen Einstellungen zum Dolmetschen variiert erheblich zwischen den Studien. Bei Tse (1996) ist der Anteil der Jugendlichen, die gerne dolmetschen und stolz darauf sind (je rund 50 %), deutlich höher als der Anteil derer, die es nicht gerne tun und denen es peinlich ist (15 % bzw. 10 %). Im Durchschnitt empfindet allerdings mindestens ein Viertel der Kinder das Dolmetschen als unangenehm. Bei Rajič (2006) nennen mehr als ein Drittel der Befragten Situationen, in denen sie sich geweigert haben zu dolmetschen. Als Gründe hierfür nennen sie Scham, Angst, sprachliche Überforderung, Desinteresse oder Zeitmangel (ebd.:170f.). Studien, die stärker auf die Umstände, unter denen ein Kind dolmetscht, eingehen, könnten Aufschluss über die Unterschiede in der Einstellung zum Dolmetschen und über die Angemessenheit der Aufgabe aus der Perspektive des Kindes geben.

Kompetenzen und Erfolg

Aus einer empirischen Untersuchung der schulischen Leistungen von dolmetschenden Kindern ziehen Buriel *et al.* (1998) den Schluss, dass sich das Dolmetschen positiv auf den schulischen und akademischen Erfolg auswirkt. Dies wird darauf zurückgeführt, dass die Tätigkeit Eigenschaften wie überdurchschnittlich gute Problemlösungsstrategien, soziale Kompetenzen und Selbstvertrauen fördere (ebd.:294). Sehr häufiges Dolmetschen hingegen ist laut Martinez *et al.* (2008) mit schlechteren Leistungen verbunden, was sie auf eine Überlastung der Kinder zurückführen sowie auf die mangelnde Fähigkeit der Eltern, den Lernprozess zu unterstützen (ebd.:87f.). Die Kinder selbst berichten von einem positiven Einfluss des Dolmetschens bzw. vor allem des Übersetzens auf ihren Zweitspracherwerb, da sie sich über Paralleltexte und Wörterbücher einen Wortschatz aneignen, den sie normalerweise erst als Erwachsene benötigten (z. B. typische Verwaltungs- oder Finanzsprache, Bewerbungsschreiben usw.). Im Hinblick auf die eigene Karriereplanung werden die Zweisprachigkeit und die Dolmetscherfahrung daher als große Pluspunkte gewertet (Green *et al.* 2005:2108).

Persönlichkeitsentwicklung

Auf der Ebene der allgemeinen Persönlichkeitsentwicklung ist zu beobachten, dass Kinder schneller erwachsen werden als ihre Altersgenossen, wenn sie spüren, dass die Situation dies erfordert. Nahezu alle befragten Kinder sehen sich in der Verantwortung, den Eltern zu helfen. Das schnelle Erwachsenwerden wiederum wird von den Autoren der Studien mal positiv, mal negativ bewertet. Über die langfristigen Folgen dieses beschleunigten Prozesses ist bezüglich dolmetschender Kinder noch wenig bekannt. Allgemein wird die frühe Übernahme von

Verantwortung jedoch eher mit negativen Folgen für die Persönlichkeitsentwicklung in Verbindung gebracht, wie im Folgenden erläutert wird.

Für alle Kinder, die häufig und in anspruchsvollen Situationen für ihre Eltern dolmetschen, gilt, dass sie im Vergleich zu ihren Altersgenossen Aufgaben übernehmen, die dem heutigen westlichen Verständnis von Kindheit nach als altersunangemessen gelten. Die eigenen Bedürfnisse geraten in den Hintergrund, sodass die Pubertät als „Zeit der Selbstfindung zu einer Zeit der Selbstverleugnung [wird]" (Schwentner 2004). Kaur und Mills (1993) bezeichnen im Zusammenhang mit der Dolmetschtätigkeit die Kinder als „*lifeline*" für ihre Eltern und führen das Zitat einer Mutter an: „What is life when you can't speak to anyone?" (ebd.:113). Ähnlich äußert sich ein Vater: „It would be extremely difficult for me to function without the children" (ebd.:117). Die Eltern geraten auf diese Weise in eine Abhängigkeit von ihren eigenen Kindern und können diesen nicht den erforderlichen Halt bieten, der gerade in einer Migrationssituation besonders wichtig wäre.

Die Situation ähnelt der von Kindern, die aufgrund der familiären Konstellation (z. B. nach dem Tod eines Elternteils) eine Erwachsenenrolle zugeteilt bekommen. In der Psychologie spricht man im Falle eines solchen (dauerhaften) Rollentauschs von Parentifizierung[44], die wie folgt definiert ist:

> „Parentifizierung beschreibt die Rollenumkehr zwischen Eltern und Kind, wobei die Eltern ihre Elternfunktion, zumeist aus gesundheitlichen und psychisch-emotionalen Gründen, unzureichend erfüllen und dem Kind eine nicht kindgerechte überfordernde „Eltern-Rolle" zuweisen" (Kotterba/Klamann 2009:8).

Ob es zu einer Parentifizierung im eigentlichen Sinne kommt, hängt von der gesamten Familiendynamik sowie vermutlich von der Art und Häufigkeit der Dolmetscheinsätze und der damit verbundenen Übernahme von Verantwortung ab. Die Schwierigkeit einer Problematisierung des Themas besteht darin, dass parentifizierte Kinder die Zuweisung dieser Rolle als Aufwertung erleben (vgl. Graf/Frank 2001:323f.). „Sich wichtig fühlen" wird in den zitierten Studien zu den Pluspunkten gezählt. Die positiven Aussagen der Kinder zu ihren Dolmetscherfahrungen sind daher kritisch zu betrachten und können nicht unmittelbar als Beleg für einen positiven Effekt angeführt werden. Später sind Kinder aus

---

[44] In den englischsprachigen Studien wird auch von „adultification" gesprochen, womit stärker auf die individuelle Entwicklung Bezug genommen wird.

solchen Familienkonstellationen häufig beruflich sehr erfolgreich, wodurch der Außenwelt die inneren Nöte verborgen bleiben (vgl. Graf/Frank 2001:323f.). Auch die positive Korrelation zwischen Dolmetschen und akademischen Leistungen ist somit ambivalent.

Auch wenn vielleicht nur eine Minderheit dolmetschender Kinder von diesem Phänomen betroffen ist, sind die Folgen für die Einzelnen m. E. sehr ernst zu nehmen. Diese können zusammenfassend mit einem Verlust der Kindheit (Spontaneität, Lebhaftigkeit) und Entwicklungsstörungen wie Perfektionismus, Einsamkeit, Verhaltensauffälligkeiten, Essstörungen und Ähnlichem beschrieben werden (vgl. ebd.). Diese Prozesse wirken sich bis ins Erwachsenenalter aus. Die Ablösung von den Eltern wird erschwert, die Autonomieentwicklung beeinträchtigt (ebd.:324). Hinweise auf eine negative Korrelation zwischen häufigem Dolmetschen und Autonomieentwicklung finden sich beispielsweise in der auf Seite 76 zitierten Fallstudie von Morales/Aguayo.

Viele Betroffene leiden langfristig unter einem verminderten Selbstwertgefühl, Depressionen, mangelnder Beziehungsfähigkeit und Schwierigkeiten im Sozialverhalten wie Überanpassung und Kommunikationsdefiziten (Kotterba/ Klamann 2009:7). Die erwähnte Aufwertung, auch als narzisstische Gratifikation bezeichnet, und die fehlende Sicherheit in Gestalt eines starken Elternteils können bei extremer Ausprägung eine narzisstische Persönlichkeitsstörung[45] hervorrufen.

Für Familien, in denen körperliche oder psychische Defizite der Eltern zu einer Belastung für die Kinder werden können, hält der Staat i. d. R. Hilfsangebote bereit. Doch anders als Kinder, denen die Eltern aus gesundheitlichen Gründen nicht in ihrer ganzen Stärke zur Verfügung stehen, erhalten Kinder, deren Eltern „nur" aus sprachlichen Gründen auf sie angewiesen sind, keine Unterstützung von öffentlichen Einrichtungen. Weder können sie jemand zu ihrer Entlas-

---

[45] Im Psychologischen Wörterbuch von Dorsch wird die Störung wie folgt definiert: „Die narzisstische Persönlichkeit zeichnet sich aus durch ein grandioses Selbstbild der eigenen Wichtigkeit und Einzigartigkeit. Aufgrund dieser Persönlichkeitsstörung ist sie überzeugt von der Großartigkeit ihrer Fähigkeiten, fantasiert von grenzenlosem Erfolg, Glanz und Schönheit und erwartet dementsprechend eine bevorzugte Behandlung sowie übermäßige Bewunderung. Ihre zwischenmenschlichen Beziehungen leiden oft unter ihrer mangelnden Empathie. Zudem neigt sie dazu, ihre Mitmenschen auszubeuten, ist häufig neidisch auf andere oder glaubt, andere seien neidisch auf sie [...]" (Dorsch Psychologisches Wörterbuch 2004).

tung hinzuziehen, noch erhalten sie psychologische Betreuung oder eine Art Supervision, in der belastende Erlebnisse reflektiert werden könnten.

Aus den allgemeinen Studien lässt sich ableiten, dass Kinder theoretisch von ihrer Aufgabe als Dolmetscher profitieren können. Es zeigt sich allerdings, dass dies für bestimmte Lebensbereiche und Konstellationen zutreffen mag, jedoch durch eine Vielzahl von Faktoren gefährdet sein kann. Wichtige Voraussetzungen für einen dem Kind förderlichen Einfluss sind den Ergebnissen zufolge, dass die Tätigkeit freiwillig erfolgt, nicht mit der Übernahme von Verantwortung verbunden ist, dem Sprach- und Erfahrungshorizont entspricht und keine belastenden Informationen zum Gegenstand hat. All dies ist bei einem medizinischen Gespräch sehr unwahrscheinlich. Als Pluspunkt für die Persönlichkeitsentwicklung wird hier lediglich angeführt, die Kinder könnten durch das Dolmetschen in medizinischen Gesprächen ihre rationalen Fähigkeiten testen und erweitern, wodurch sie später für sich selbst das Gesundheitssystem besser nutzen könnten (vgl. Cohen *et al.* 1999:180). Diese Kompetenzen könnten sie allerdings sicher auch auf anderem Wege erwerben.

Mit Blick auf das Kindeswohl gilt es also stets, zwischen Chancen und Risiken abzuwägen, wobei eine verpasste Chance in diesem Fall kaum mit einem eingetretenen Risiko gleichzusetzen ist. Die Sicherung des Kindeswohls ist nicht zuletzt auch Aufgabe der Gesellschaft, auf deren Perspektive im Folgenden eingegangen wird.

3.6 Perspektive der Gesellschaft

Insgesamt entsteht als Folge der mangelnden Professionalisierung des Medizindolmetschens ein Konflikt zwischen verschiedenen Rechten, deren Gewährleistung in der Verantwortung der Gesellschaft steht. Auf der einen Seite stehen das Recht auf medizinische Versorgung, das Recht auf Information und Selbstbestimmung sowie der Gleichbehandlungsgrundsatz. Diese sprechen bei fehlenden Möglichkeiten des Einsatzes professioneller Dolmetscher für die Notlösung, Kinder einzusetzen, um ein Minimum an Verständigung zu erreichen. Auf der anderen Seite stehen die Bestimmungen zum Kinder- und Jugendschutz, die u. a. die Rechte der Kinder sichern sollen. Der Kinder- und Jugendschutz beinhaltet eine partielle Trennung der Erfahrungswelten von Kindern und Erwachsenen. Zu bestimmten Räumen und Themen wird Kindern der Zugang verwehrt, da angenommen wird, die geistige Gesundheit und die psychologische Entwicklung der Kinder könnten andernfalls gefährdet werden.

Green *et al.* kritisieren den normativen und defizitorientierten Ansatz, mit dem der Einsatz von Kindern als Dolmetscher üblicherweise bewertet wird. Die Problematisierung der emotionalen Folgen für die Kinder beruhe auf einem Konzept von Kindheit, das diese als Zeit der Abhängigkeit von den Eltern charakterisiere und die Übernahme von Verantwortung für die Familie grundsätzlich ausschließe. Demgegenüber sei aber auch eine Betrachtung von Kindern als aktive gesellschaftliche Akteure möglich, also eine Abkehr von einem Verständnis von Kindheit als einer nicht-produktiven Zeit (Morrow 1995, zit. nach Green *et al.* 2005:2098).

Die Ergebnisse aus den Erhebungen bestätigen, dass Kinder und Jugendliche durch ihre Tätigkeit als Dolmetscher einen Beitrag zur informellen Gesundheitswirtschaft leisten. Sie sind demnach „produktiv". Doch sind daraus tatsächlich positive Effekte für die Gesellschaft abzuleiten? Vordergründig ist es im Interesse der Gesellschaft, die Kosten für die Gesundheitsversorgung möglichst niedrig zu halten, weshalb Kinder als verfügbare Ressource dankend angenommen werden. Hinsichtlich der Kosteneffizienz gibt es allerdings mittlerweile zahlreiche Belege dafür, dass der Verzicht auf professionelle Dolmetscher die verschiedenen Akteure teuer zu stehen kommen kann:

Eine Folge der Verständigungsprobleme sind längere Krankenhausaufenthalte, wofür die Krankenkassen aufkommen müssen. Ähnlich verhält es sich mit der Tatsache, dass überproportional häufig teure (technische) Diagnoseverfahren angewendet werden, da das Gespräch zu wenig Aufschluss über die Krankheitsursachen gibt. Die mangelnde Compliance führt zu ineffizienten und langwierigen Behandlungen und zur Erstattung von Medikamenten, die ohne Wirkung bleiben. Die daraus resultierende Verschlechterung des Gesundheitszustands führt nicht selten zu frühzeitigen Rentenansprüchen (vgl. Razum 2010:23ff.). Und auch die rechtlichen Folgen von Behandlungsfehlern können erhebliche Kosten verursachen: In den USA war eine Klage auf Schadensersatz in Höhe von 71 Millionen Dollar erfolgreich, wobei die Ursache ein falsch gedolmetschtes Wort in einer Notfallambulanz war (vgl. Flores *et al.* 2003:13). Bisher wird die langfristige Perspektive in der Diskussion vernachlässigt. Stattdessen dominiert das Argument der kurzfristigen Kosten (vgl. 2.1.4). Die gegenwärtige Gesetzeslage kann insbesondere mit Blick auf Flüchtlingsfamilien als „Push-Faktor" für den Einsatz von Kindern als Dolmetscher angesehen werden. So steht beispielweise im Asylbewerberleistungsgesetz des Landes Mecklenburg-Vorpommern explizit, dass Dolmetscherkosten nur übernommen werden, wenn keine anderen Familienmitglieder oder Bekannte aushelfen können. Wörtlich heißt es, „wegen des Nachranggrundsatzes [...] haben die Leistungsberechtigten zunächst die Möglichkeiten einer unentgeltlichen Sprachmittlung [...] auszuschöpfen." (Kotterba/Klamann 2009). Das führt fast automatisch dazu, dass die Kinder von Asylbewerbern die Verantwortung für die Kommunikation übernehmen müssen, da sie am schnellsten mit der neuen Sprache vertraut werden. Außerdem vertrauen die Eltern, wie unter 3.3 erwähnt, eher den Kindern als entfernten Bekannten, gerade wenn es um heikle oder persönliche Themen geht (vgl. Kuo/Fagan 1999). Die oben genannte Regelung gilt sogar bei der amtsärztlichen Untersuchung zur Reisefähigkeit eines Erwachsenen im Vorfeld einer beabsichtigten Abschiebung. „In begründeten Ausnahmefällen" kann indes ein Berufsdolmetscher hinzugezogen werden. Die Psychologinnen Kotterba und Klamann (2009) empfehlen daher, Ärzte dahin gehend zu sensibilisieren, dass sie zur Prävention von möglichen psychischen Folgeschäden die ohnehin schon belasteten Kinder nicht als Dolmetscher akzeptieren, sondern stattdessen von den „Kann-Bestimmungen" Gebrauch machen (ebd.:9).

Eine Frage müsste aus Sicht der Gesellschaft noch beantwortet werden: Kann das, was die Kinder und Jugendlichen leisten, als Arbeit angesehen werden oder nicht? Die Kinder wissen, dass es Erwachsene gibt, die für dieselbe Tätigkeit Geld verlangen (nicht nur professionelle Dolmetscher), und stehen selbst vor dem Dilemma, ob sie eine Gegenleistung annehmen können, wenn sie für entferntere Verwandte oder Freunde der Familie dolmetschen. Für die meisten Kinder ist es ausgeschlossen, mit dem Dolmetschen, das sie für eine selbstverständliche Aufgabe halten, ihr Taschengeld aufzubessern (vgl. Green *et al.* 2005:2107). In der Regel steht hinter diesen Einsätzen eine Aufforderung der Eltern, sodass sie in den Augen der Kinder zur Erfüllung ihrer „normalen Pflichten" gehören.

Vor dem Hintergrund der unter 2.1 erwähnten Bestimmungen zur Versorgungs-gerechtigkeit wird jedoch deutlich, dass Kinder, die in medizinischen Einrich-tungen (und anderen Institutionen) dolmetschen, eine Dienstleistung erbringen, die sonst Erwachsene übernehmen müssten. Dass sie meistens nicht dafür be-zahlt werden, führt dazu, dass es keine klaren rechtlichen Regelungen im Sinne des Kinder- und Jugendschutzes gibt. Während auf der einen Seite präzise gere-gelt ist, dass unter 13-Jährige weder Zeitungen austragen noch Eis verkaufen dürfen, tut sich hier eine Grauzone auf. Vergleichbar ist die Situation dolmet-schender Kinder eventuell noch mit der Arbeit in Familienbetrieben, etwa in der Landwirtschaft oder auch in der Gastronomie, wo Kinder oftmals in die Arbeit eingebunden werden. Selbst hier gibt es gesetzlich festgelegte Einschränkungen, wie folgendem Auszug zu entnehmen ist:

> „Nach dem Jugendarbeitsschutzgesetz ist die gewerbliche Beschäftigung von Kin-dern grundsätzlich verboten. [...] Kinder mit 13 Jahren dürfen unter bestimmten Vo-raussetzungen beschäftigt werden, wenn der Sorgeberechtigte zustimmt. Das ist auf täglich höchstens zwei Stunden eingeschränkt, in landwirtschaftlichen Familienbe-trieben auf höchstens drei Stunden täglich. Auch nicht an Samstagen oder Sonn- und Feiertagen. Es müssen leichte und für Kinder geeignete Tätigkeiten sein, die sich weder auf die Sicherheit, Gesundheit und Entwicklung der Kinder negativ auswirken oder ihren Schulbesuch beeinflussen. Erlaubt sind für mindestens 13 Jahre alte Kin-der Tätigkeiten wie Kinderbetreuung, Nachhilfeunterricht, Erledigung von Einkäu-fen, Tätigkeiten in landwirtschaftlichen Betrieben, Handreichungen beim Sport und bei nicht gewerblichen Aktionen und Veranstaltungen von Kirchen, Vereinen etc. Beschäftigungen im gewerblichen Bereich sind nicht zulässig mit Ausnahme von Zeitungen, Zeitschriften oder Werbeprospekten austragen" (GSA 2000; Hervorh. von mir).

Die Unterscheidung zwischen gewerblicher und nichtgewerblicher Arbeit ist hier insofern problematisch, als eine fehlende Bezahlung, die normalerweise als Ausbeutung gelten würde, die Tätigkeit eher legitimiert. Diese Tatsache ist ver-mutlich eine der Ursachen dafür, dass das Dolmetschen in Berichten zur Kinder-arbeit keinerlei Erwähnung findet (vgl. Deutscher Bundestag 2000). Des Weite-ren gilt das Jugendarbeitsschutzgesetz nicht

> „1. für geringfügige Hilfeleistungen, die gelegentlich aus Gefälligkeit [...] erbracht werden, 2. für die Beschäftigung durch die Personensorgeberechtigten im Familien-haushalt" (JArbSchG §1).

Auslegungsfähig wären sowohl die Begriffe *geringfügig*, *gelegentlich* und *Ge-fälligkeit* als auch der Rahmen *Familienhaushalt* und die Frage, wer die Kinder beschäftigt (s. 2.2.2). Insofern könnte das Gesetz durchaus Anwendung finden.

Gerade das Kriterium *„leichte und für Kinder geeignete Tätigkeiten, die sich weder auf die Sicherheit, Gesundheit und Entwicklung der Kinder auswirken, noch ihren Schulbesuch beeinflussen"* wird jedoch nachweislich nicht erfüllt, wie in dieser Arbeit gezeigt wurde. Gefordert wäre somit auch der Staat als Hüter der Gesetze.

Am 1. Januar 2012 ist das Bundeskinderschutzgesetz in Kraft getreten. Auf der Homepage des Bundesministeriums für Familie, Senioren, Frauen und Jugend (BMFSFJ) heißt es:

> „Das Gesetz steht für einen umfassenden, aktiven Kinderschutz, es bringt sowohl Prävention als auch Intervention im Kinderschutz voran und stärkt alle Akteure, die sich für das Wohlergehen unserer Kinder engagieren - angefangen bei den Eltern, über den Kinderarzt oder die Hebamme bis hin zum Jugendamt oder Familiengericht."

Ein wirksamerer Schutz von Kindern mit Migrationshintergrund vor altersunangemessener Behandlung wäre ein Aspekt, mit dem sich der Gesetzgeber noch auseinandersetzen könnte.

4. Notwendigkeit einer Professionalisierung des Dolmetschens im deutschen Gesundheitswesen

Für die abschließenden Überlegungen ist es sinnvoll, noch einmal gezielt zu rekapitulieren: Warum werden überhaupt Kinder als Dolmetscher eingesetzt? Zum einen mangels Alternativen, also als Notlösung, wenn niemand sonst zur Verfügung steht und eine Verständigung unmöglich wäre. Zum anderen werden sie mitunter bewusst bevorzugt, da sie aus Sicht einiger Ärzte und Patienten gegenüber anderen Dolmetschern Vorteile bieten (Kosten, Verfügbarkeit, Sprachkenntnisse, Vertrautheit usw.).

Eine bessere Interaktion mit Patienten, die sich nicht ausreichend auf Deutsch verständigen können, ist für die Gesellschaft aus den in Kapitel 2 näher erläuterten Gründen notwendig: Ethisch im Rahmen der Versorgungsgerechtigkeit, der Menschenwürde und des Rechts auf Information, juristisch im Zuge der Haftbarkeit der Behandelnden und finanziell im Rahmen einer Kostenreduzierung durch eine optimierte Diagnose und Behandlung. Dass die unter 2.1.1 beschriebenen Mängel in der Gesundheitsversorgung durch den Einsatz professioneller Dolmetscher tatsächlich erheblich verringert werden können, belegen Erfahrungen aus dem Ausland. Studien aus den USA konnten messbare Verbesserungen nachweisen und zeigten zusätzlich, dass sich die Dauer des Arztbesuches nicht erhöht, wenn ein Dolmetschdienst in Anspruch genommen wird (vgl. Flores *et al.* 2003:13).

Einzelne engagieren sich seit Jahren für entsprechende Maßnahmen. Jürgen Collatz, Leiter des Ethnomedizinischen Zentrums in Hannover, machte bereits 1995 auf die Dringlichkeit der Schaffung hoch qualifizierter Dolmetschdienste aufmerksam. Er nennt als einen zentralen Aspekt die Wahrung des Menschenrechts, sich als ernsthaft Kranker über Krankheit und Behandlung ausreichend sprachlich verständigen zu können.

> „Eine adäquate Lösung für dieses Problem geht bei der Diversifizierung nur über kontinuierlich finanzierte und hoch qualifizierte Dolmetscherdienste, deren Aufbau bisher [...] in Deutschland sträflich vernachlässigt wurde." (Collatz 1995:39)

In der Politik scheint in dieser Hinsicht einiges in Bewegung zu kommen. So lieferte die Beauftragte der Bundesregierung für Migration, Flüchtlinge und Integration auf einer Tagung im Jahr 2010 ein klares Statement:

„Wir brauchen eine entsprechende Verständigung, wir brauchen kompetente Sprachmittler. Und ich meine, dass die Sprachmittlung bei den Leistungen der gesetzlichen Krankenversicherung verankert sein muss, sodass hier die medizinische Versorgung nicht an den mangelnden Verständigungsmöglichkeiten scheitert." (Böhmer 2010:17)

Von den Vertretern des Gesundheitswesens werden verschiedene Vorschläge gemacht, wie die Verständigung mit Migranten verbessert werden könnte. Einige meinen, es müsse viel mehr dafür getan werden, dass Migranten besser Deutsch lernen. Andere sehen die einzige Lösung in einer Behandlung durch Ärzte mit dem gleichen Kulturhintergrund. Und wieder andere fordern eine interkulturelle Öffnung der Einrichtungen durch entsprechende Weiterbildungen für die Mitarbeiter (Ziegler 2011). Eine Professionalisierung des Dolmetschens taucht in diesen Maßnahmenkatalogen nicht immer auf. Dies ließe sich evtl. damit erklären, dass viele Ärzte einen Dolmetscher aufgrund ihrer bisherigen Erfahrungen prinzipiell als Störfaktor ansehen.

Zimmermann (2000) hält Berufsdolmetscher für den Einsatz in der Arzt-Patienten-Kommunikation für ungeeignet, da sie aus der städtischen Mittel- und Oberschicht stammten und einen hochsprachlich elaborierten Sprachcode verwendeten, während die Patienten meist Dialekt sprächen. Sie seien zu wenig mit der Lebenswelt und dem Krankheitsverständnis von Menschen in unterentwickelten Regionen vertraut und könnten daher nicht adäquat vermitteln (ebd.:25). Er plädiert daher für die Anstellung von Medizinsoziologen mit entsprechenden Sprach- und Kulturkompetenzen. Diese Haltung impliziert, dass zur Aufgabe von Dolmetschern sozusagen eine Nivellierung der unter 2.1.2 dargestellten asymmetrischen Beziehung durch das Transponieren der Informationen auf die jeweils andere Ebene gehört.

Die häufig diskutierte Frage nach dem richtigen Maß der aktiven Gestaltung der Interaktion durch die Dolmetschenden kann hier nicht beantwortet werden. Meines Erachtens sollte man jedoch nicht „über das Ziel hinaus schießen" und für ausländische Patienten grundsätzlich mehr Service verlangen als für einheimische. Schließlich würden auch viele ältere oder wenig gebildete Deutsche von einer Begleitperson profitieren, die ihnen die Erläuterungen des Arztes verständlich macht und ihnen hilft, ihre Interessen zu vertreten. Maßgebend bleibt der Gleichbehandlungsgrundsatz, und mit einer besseren sprachlichen Verständigung wäre im Vergleich zum Status quo schon viel erreicht.

Vor diesem Hintergrund erscheint eine Professionalisierung als sinnvolle und gerechte Lösung, wobei die Qualität der entsprechenden Ausbildungsprogramme ausschlaggebend für den Erfolg der Kommunikation sein wird. Eine Sensibilisierung für die von Zimmermann (2000) angesprochenen Schwierigkeiten könnte im Rahmen einer Ausbildung durchaus ihren Platz finden.

Eine wie auch immer geartete Professionalisierung des Dolmetschens im medizinischen Bereich ist auch der einzige Lösungsansatz, für den die Translationswissenschaft nützliche Ergebnisse liefern kann. Ein professioneller Dolmetscher im Sinne des unter 2.2.1 dargestellten Ideals kann als Kommunikationsexperte die nötige Verantwortung für die Interaktion übernehmen und damit dem Arzt unterstützend zur Seite stehen. Das Repertoire an Dolmetschtechniken und Rollenmodellen erlaubt ihm ein situativ angemessenes Handeln. Somit könnte er eine effiziente und zielgerichtete Lösung für die genannten Probleme bieten.

Im Folgenden werden unterschiedliche Lösungsansätze präsentiert, die im Zuge einer solchen Professionalisierung in Betracht kommen. Die Diskussion dieser Ansätze muss aufgrund des begrenzten Rahmens der vorliegenden Arbeit auf das Formulieren von Fragen und persönlichen Einschätzungen beschränkt bleiben. Bei den abschließenden Überlegungen zu einer Priorisierung im Sinne einer Orientierungshilfe für Entscheidungsträger ist der Fokus auf die in Kapitel 3 analysierten Probleme aus der Perspektive des Kindes gerichtet.

4.1 Beispiele aus dem Ausland (Good Practice)

Im internationalen Vergleich gehört Deutschland hinsichtlich der Professionalisierung des Dolmetschens jenseits von Konferenzen und Verhandlungen zu den Schlusslichtern. Das hat immerhin den Vorteil, dass die Erfahrungen aus dem Ausland als Orientierung dienen können. Daher werden im Folgenden ausgewählte Beispiele für eine erfolgreiche Translationspolitik skizziert und diskutiert.

In zahlreichen anderen Ländern werden Initiativen zur Etablierung von Dolmetschdiensten staatlich gefördert, teilweise sogar auf Basis einer gesetzlichen Regelung. In Australien, Großbritannien und den USA, in Schweden, aber auch in den Niederlanden sind Dolmetscher ein wesentliches Element der Migrationspolitik. Zudem werden sie speziell für diese Tätigkeit geschult, häufig im Rahmen einer akademischen Ausbildung (vgl. Pöllabauer 2003:19; eine ausführlichere Übersicht findet sich zudem bei Pöchhacker 2000a:143ff.).

Die Erfahrungen aus den in Kapitel 3 behandelten Studien zeigen, dass zumindest in den USA und in Großbritannien dennoch Laiendolmetscher zum medizinischen Alltag gehören. Jedoch ist eine Differenzierung je nach Relevanz oder Thematik des Gesprächs möglich. Im Zweifelsfall werden die Laien nur gebeten zu dolmetschen, man möge an einem anderen Tag wiederkommen, wenn ein professioneller Dolmetscher zur Verfügung steht. Dies ist gerade mit Blick auf den Einsatz von Kindern ein entscheidender Unterschied zu Deutschland.

Sinnvoll ist meines Erachtens auch die Idee eines mehrstufigen Modells, wie es in Kanada umgesetzt wurde (vgl. Carr 1997:272f.). Unterschieden wird darin zwischen drei Situationstypen: (a) einfache Routinegespräche, (b) komplexe oder rechtlich verbindliche Gespräche, (c) Notfälle. Für jede Situation wird eine unterschiedliche Lösung mit dem Ziel maximaler Effizienz gewählt, bei der Professionalität und Verfügbarkeit abgewogen werden. Integraler Bestandteil eines solchen Modells ist eine zentrale Datenbank, die auch Informationen zur Qualifikation enthält.

In Schweden hat das professionelle Community Interpreting sowohl eine lange Tradition als auch eine fundierte akademische Basis (vgl. Slapp 2004:36f.). Die Ausbildung findet größtenteils an Erwachsenenbildungszentren statt und wird mit einer staatlichen Prüfung abgeschlossen. Anders als in den meisten anderen Ländern wurden die Kurse jedoch vom Institut für Dolmetschen und Übersetzen der Universität Stockholm entwickelt (ebd.). Eine ähnliche Vernetzung von Translationswissenschaft und -praxis sollte m. E. auch für Deutschland angestrebt werden.

Erfahrungen aus London (Cohen *et al.* 1999) zeigen, dass die regelmäßige Inanspruchnahme eines Telefondienstes die Anzahl der Einsätze von Kinderdolmetschern beträchtlich verringern kann (ebd.:169). Die Entwicklung zahlreicher innovativer Technologien bietet heute verbesserte Möglichkeiten des Teledolmetschens (vgl. 4.2.3), die es weiter auszuloten gilt. Ein entsprechendes Pilotprojekt mit einem Videodolmetschservice wurde in Wien auf den Weg gebracht, um die Praktikabilität des Einsatzes professioneller Dolmetscher zu testen. Dabei handelt es sich um eine Kooperation zwischen dem Gesundheitsministerium, dem Zentrum für Translationswissenschaften und dem Institut für Ethik und Recht in der Medizin der Uni Wien sowie der Plattform für Patientensicherheit (vgl. Heigl 2013), was dank des wissenschaftlichen Fundaments eine starke Signalwirkung haben könnte.

Erfahrungen aus dem Ausland zeigen allerdings auch, dass in vielen Fällen zwar Gelder oder Dolmetschdienste zur Verfügung stehen, diese jedoch häufig nicht in Anspruch genommen werden, da sie den meisten Ärzten gar nicht bekannt sind (vgl. z. B. MacFarlane *et al.* 2008). Begleitend zu einer Professionalisierung wäre daher eine umfangreiche Informations- und Sensibilisierungskampagne durchzuführen.

Auf Europaebene ist insbesondere das inzwischen abgeschlossene EU-Projekt *Migrant-friendly hospitals* zu nennen, das auf eine Sensibilisierung der Gesundheitseinrichtungen abzielte. Hinsichtlich möglicher Ausbildungsprogramme wurde zudem im Projekt *MedInt* ein Curriculum entworfen (vgl. Andres/Pöllabauer 2009:5). Das Projekt kann als vorbildlich im Sinne einer Vernetzung sowohl von Auftraggeber und Auftragnehmer als auch von Theorie und Praxis angesehen werden. Daher sollte der Entwurf für die Ausbildung in Deutschland eingehend geprüft und im Rahmen der Möglichkeiten übernommen werden. In Österreich, dem CI-Pionier unter den deutschsprachigen Ländern, wurde ein berufsbegleitender Universitätslehrgang für die Qualifizierung von zweisprachigem Krankenhauspersonal oder auch die Weiterbildung professioneller Dolmetscher eingerichtet (vgl. Pöchhacker 2002:24f.).

Eine Möglichkeit, das Problem der Kinderdolmetscher von der anderen Seite anzugehen, sind Regelungen auf der Basis von Verboten bzw. Altersbegrenzungen. In Graz wurde von der Caritas und NGOs, die Flüchtlinge betreuen, eine Vereinbarung getroffen, dass Kinder unter 16 Jahren nicht als Dolmetscher ins Krankenhaus mitgenommen werden dürfen (vgl. Rajič 2006:153). Rechtsbindend ist eine gesetzliche Regelung in Kalifornien (Bill 292) aus dem Jahr 2002, in der der Einsatz von Kinderdolmetschern in „medical, legal, and social service settings" verboten wird (vgl. Morales/Hanson 2005:470). Begründet wurde das Gesetz damit, dass Kinder (a) Informationen nicht exakt dolmetschen, (b) das Dolmetschen von juristischen und medizinischen Informationen negative Auswirkungen auf die Eltern-Kind-Beziehung haben kann und (c) Informationen über einen kritischen medizinischen Zustand für ein Kind traumatisierend sein können (vgl. Morales/Hanson 2005:470), was sich im Wesentlichen mit der Argumentation der vorliegenden Arbeit deckt.

Gegen ein Verbot spricht der Einwand, dass es ohne Bereitstellung einer Alternative eine Diskriminierung derjenigen bedeutet, die sich ohne Dolmetscher nicht verständigen können (vgl. Araujo 2008:9). Es hat jedoch den Vorteil, dass so überhaupt erst ersichtlich werden kann, wie hoch der Dolmetschbedarf tatsächlich ist, da dieser durch den Einsatz von Kindern verschleiert wird. Wenn das medizinische Personal nicht mehr auf die mitgebrachten Dolmetscher zurückgreifen kann, wird vermutlich der Ruf nach anderen Lösungen lauter werden. Insofern wäre es durchaus ein gangbarer Weg, über Verbote den Professionalisierungsmangel stärker sichtbar zu machen. Langfristig ist eine solche Maßnahme jedoch nur in Verbindung mit anderen Schritten sinnvoll.

4.2 Ansätze aus Deutschland: Wege zu einem neuen Berufsbild

4.2.1 Lokale Initiativen

Wie bereits erwähnt, wurden vor allem in Großstädten verschiedene Insellösungen gefunden, um den Kommunikationsbedarf mit Nichtdeutschsprachigen zu decken. Dazu gehören auch Dolmetschdienste, denen eine Qualifizierung von Migranten mit guten Deutschkenntnissen für einen Einsatz im medizinischen und/oder sozialen Bereich zugrunde liegt. Aus Sicht der Translationswissenschaft wäre hier zu bemängeln, dass diese Initiativen gänzlich losgelöst von der universitären Ausbildung entstehen. Im Rahmen einschlägiger Studiengänge findet meines Wissens keine Auseinandersetzung mit derartigen Projekten statt. Offenbar wird davon ausgegangen, dass zwischen dieser Qualifizierung und dem Universitätsstudium tatsächlich Welten liegen und eine Beschäftigung mit dem Projekt nicht im Interessenbereich akademischer Lehre und Forschung zu verorten ist. Ebenso gering scheint das Interesse der Initiatoren des Projektes, sich von universitärer Seite Unterstützung zu holen oder sich auszutauschen. Bei der Etablierung eines Berufsbildes stehen die Ansätze aus Wissenschaft und Praxis somit letztlich in Konkurrenz zueinander.

Um zumindest einen Einblick in die Entwicklung der mittlerweile zahlreichen Parallelstrukturen zu geben, werden daher im Folgenden der Berliner Gemeindedolmetschdienst sowie der klinikinterne Dienst am Universitätskrankenhaus Eppendorf (UKE) in Hamburg kurz skizziert.

Der Gemeindedolmetschdienst[46] Berlin wurde 2003 im Rahmen eines Projektes zur Qualifizierung arbeitsloser Migranten gegründet. Träger ist der Verein Gesundheit Berlin e. V. Gefördert wurde die Maßnahme vom Bundesministerium für Wirtschaft und Arbeit aus Mitteln des Europäischen Sozialfonds (EQUAL). Hauptziel war die Integration von Migranten in den Arbeitsmarkt durch ihre Qualifizierung für ein neues Berufsbild. In drei Ausbildungsgängen von je sechs Monaten wurden insgesamt 67 Dolmetscher ausgebildet, die 20 Sprachen abdeckten[47], darunter alle der unter 2.1.4 aufgeführten, für die der Bedarf besonders hoch ist (vgl. Pochanke-Alff 2007:236ff.). Sie wurden inhaltlich und terminologisch auf Einsätze in Gesundheits-, Jugend- und Bildungseinrichtungen vorbereitet. Die Qualifizierung und Evaluation erfolgte in Kooperation mit Vertretern des Fachbereichs Soziale Arbeit an Berliner Fachhochschulen. Die Förderung lief Ende 2007 aus. Die Zahl der Einsätze ist für die Dolmetscher nicht ausreichend, um davon ihren Lebensunterhalt zu bestreiten. Mit dem Honorar stocken sie lediglich ihre Einkünfte aus dem Arbeitslosengeld II auf (vgl. Borde 2007:262).[48]

Das Projekt liefert zwei wichtige Erkenntnisse: Die Tatsache, dass zwar mit Hochschulen, nicht aber mit translationswissenschaftlichen Fachrichtungen kooperiert wurde, lässt erkennen, dass das angestrebte Berufsbild eher dem eines Sozialarbeiters als dem eines Dolmetschers entspricht. Zudem wird deutlich, dass die Etablierung des Dienstes trotz der folglich eher niedrigen Honorare (25 € je angefangene 45 Minuten) mühsam ist. Nach Einschätzung der Gemeindedolmetscher läge der Schlüssel zum Erfolg vor allem in einer besseren Öffentlichkeitsarbeit (vgl. ebd.).

---

[46] Der Name entstand aus einer m. E. irreführenden Übersetzung des Begriffs „Community Interpreting" (Pochanke-Alff 2007:236).

[47] Heute vermittelt der Dienst 115 Dolmetscher für 47 Sprachen (Gesundheit Berlin e. V. 2011).

[48] Der Gemeindedolmetschdienst selbst wird heute indirekt über den Träger von der Senatsverwaltung für Gesundheit, Umwelt- und Verbraucherschutz gefördert.

Akbal (1998) wertete die Erfahrungen mit verschiedenen Modellen von Dolmetschdiensten aus und kommt zu der Einschätzung, dass „integrierte Dienste in Abteilungen, die einen hohen Anteil an Migranten/innen versorgen, besser funktionieren, eine höhere Effektivität aufweisen und ökonomischer sind als externe Dolmetscherdienste" (ebd.:119). Als Beispiel für einen internen Dienst sei hier das Universitätskrankenhaus Eppendorf (UKE) in Hamburg genannt. Dort wurde bereits vor mehr als 15 Jahren nach einer Lösung für die Kommunikationsprobleme mit Nichtdeutschsprachigen gesucht. Der ursprüngliche Plan war, ein neues Berufsbild mit einem konkreten Ausbildungscurriculum zu schaffen, um den „Pool an hoch motivierten Laiendolmetschern" zu nutzen und das Dolmetschen im medizinisch-sozialen Bereich von einem Nebenjob zur anerkannten Profession zu machen (Otto 2002). Das UKE verfolgte mit der Implementierung des Dienstes drei Ziele: (a) Qualitätssicherung in der Arzt-Patienten-Kommunikation, (b) juristische Absicherung der behandelnden Ärzte, (c) Kostenreduzierung in der Gesundheitsökonomie (Albrecht 1998:185). Die Maßnahme ist folglich nicht als „humanitäre Aktion" zu sehen. Bei der Umsetzung des Projektes blieb allerdings gerade die fundierte Aus- und Weiterbildung auf der Strecke[49], sodass am UKE heute zwar viele Dolmetscher eingesetzt werden, sie sich ihre Fähigkeiten aber größtenteils nach der Devise „Learning by doing" selbst aneignen mussten. Das hierdurch entstandene Hauptproblem ist neben einer fehlenden Qualitätskontrolle die mangelnde Fähigkeit der Dolmetscher, sich gegenüber den Erwartungen der Patienten abzugrenzen (vgl. Otto 2002).

Beide Initiativen haben mit hoher Wahrscheinlichkeit zu einer besseren medizinischen Versorgung von Migranten beigetragen und die Zahl der Situationen verringert, in denen Kinder hätten dolmetschen müssen. Fehlende Qualitätsstandards und -kontrollen führen jedoch dazu, dass bei solchen Maßnahmen der Erfolg der dolmetschvermittelten Interaktion keineswegs garantiert ist. Zugleich wird der Eindruck vermittelt, eine mehrmonatige Schulung könnte nahezu jeden zu einem kompetenten Medizindolmetscher machen.

---

[49] Lediglich zum Projektstart gab es einen 40-stündigen Crashkurs in Dolmetschtechniken, medizinischer Terminologie und Krankheitsbildern.

4.2.2 Engagement des BDÜ

Der Bundesverband der Dolmetscher und Übersetzer (BDÜ) gibt eine jährlich aktualisierte Fachliste Medizin[50] mit den Kontaktdaten, Sprachen und Spezialisierungen entsprechend qualifizierter Dolmetscher und Übersetzer heraus. Derzeit umfasst sie etwas mehr als 300 Personen. In Berlin finden sich Medizindolmetscher für folgende Sprachen: Albanisch, Amharisch, Bulgarisch, Englisch, Estnisch, Französisch, Italienisch, Japanisch, Polnisch, Russisch, Spanisch, Ukrainisch und Vietnamesisch (vgl. BDÜ 2011). Vergleicht man dieses Angebot mit dem unter 2.1.4 geschilderten Bedarf, so muss es als äußerst unzureichend angesehen werden. Die besonders oft benötigten Sprachen Türkisch und Arabisch sind nicht vertreten. Auch für die Muttersprachen anderer großer Bevölkerungsgruppen (z. B. Bosnisch, Kroatisch, Serbisch, Rumänisch, Thailändisch) bietet die Liste keine professionellen Medizindolmetscher.

Des Weiteren gibt es eine Broschüre zur „Qualitätssicherung beim Dolmetschen im Gesundheitswesen" (BDÜ 2010), die in erster Linie der Eigenwerbung dient. Bei der Empfehlung des BDÜ, professionelle Dolmetscher für ein medizinisches Gespräch hinzuzuziehen, wird allerdings außer Acht gelassen, dass das normale Hochschulstudium, das die Mehrheit der BDÜ-Mitglieder absolviert hat, nicht hinlänglich auf den Einsatz im Krankenhaus oder in der Arztpraxis vorbereitet. Auch für das Problem des unzureichenden Sprachenangebots mangelt es noch an Lösungen. Konkrete Konzepte zur Weiterbildung für Dolmetscher mit unterschiedlichen Voraussetzungen sowie die Entwicklung von Qualitätsstandards und Kriterien zu deren Überprüfung wären daher von zentraler Bedeutung, damit das „Qualitätssiegel BDÜ" seinen Maßstäben gerecht werden kann.

Ein entscheidender Schritt in jüngster Zeit war, dass sowohl auf Bundes- als auch auf Länderebene Referate zum Dolmetschen im Gesundheitswesen und zum Community Interpreting eingerichtet wurden, was dazu führt, dass der Verband nun auch bei politischen Akteuren Gehör findet, wenn über Migration und Gesundheit diskutiert wird. Ferner stehen die Referentinnen im Kontakt mit Hochschulen, insbesondere dem Fachbereich Translations-, Sprach- und Kulturwissenschaft der Universität Mainz/Germersheim, und Qualifizierungspro-

---

[50] Medizin, Pharmazie und Medizintechnik

grammen wie Sprach- und Kulturmittlung (SpuK) oder dem nunmehr bundesweit agierenden Netzwerk für Sprach- und Integrationsmittler (SprInt), die nach einem ähnlichen Konzept funktionieren wie der Gemeindedolmetschdienst. Insgesamt sieht es also ganz danach aus, als könnten die Weichen noch einmal neu gestellt werden.

4.2.3 Positionen der Translationswissenschaft

Die deutschsprachige Translationswissenschaft beschäftigt sich innerhalb der CI-Forschung vorwiegend mit der Konzeption von universitären Ausbildungsprogrammen (vgl. z. B. Pöchhacker 2002; Andres/Pöllabauer 2009). Aus den in der vorliegenden Arbeit dargestellten Anforderungen wird ersichtlich, dass die Komplexität der Tätigkeit und die damit verbundene Verantwortung die Forderung nach einem akademischen Abschluss für Medizindolmetscher rechtfertigen können.

Nur stellt sich die Frage: Wo anfangen? Kann man guten Gewissens einen universitären Studiengang Fachdolmetschen ins Leben rufen (sofern dies bei der Universitätsleitung durchzusetzen ist), wenn feststeht, dass die Absolventen später keine Arbeit finden werden bzw. vom Lohn für diese Arbeit nicht leben können? Kann man andererseits den Einsatz professioneller Fachdolmetscher fordern, solange diese für die benötigten Sprachen gar nicht zur Verfügung stünden? Das klassische Studium mit dem Abschluss als Konferenzdolmetscher bietet weder die benötigten Sprachen, noch bereitet es auf die sprachlichen und situationsbedingten Herausforderungen im Krankenhaus vor. Ein entscheidender Schritt war die Etablierung des einschlägigen Bachelor-Studiengangs „Fachdolmetschen bei Behörden, Gerichten und im Gesundheitswesen" an der Fachhochschule Magdeburg/Stendal (zum WS 1999/2000). Inzwischen wurde der Einsatzort „Gesundheitswesen" allerdings aus dem Titel und dem Studienprogramm gestrichen.[51] Und auch dort ist das Sprachenangebot nicht an den realen Bedarf angepasst.

Es zeigt sich, dass Professionalisierung als Prozess nicht isoliert, sondern nur in enger Abstimmung mit allen beteiligten Akteuren vollzogen werden kann

---

[51] Diese Information lieferte ein Besuch auf der Website, der auf Details zu den Studieninhalten abzielte.

(vgl. Prunč 2004). Dies würde auch vermeiden, dass sich immer mehr Parallelstrukturen auf Initiative einzelner engagierter NGOs oder Institutionen herausbilden, und könnte so zu mehr Transparenz bei den Nutzern führen. Ein wesentlicher Aspekt ist dabei die Etablierung von Standards, sowohl für die Bereitstellung von Dolmetschern als auch für deren Leistung (vgl. Carr 1997:274). Die Standards könnten im Rahmen einer Qualitätskontrolle auch für bestehende Lösungen Anwendung finden. Gerade für diese Aufgabe kommt der Vernetzung von Wissenschaft und Berufsstand eine zentrale Bedeutung zu. Die Translationswissenschaft ist befähigt, fundierte Qualitätskriterien zu erarbeiten, darf dabei jedoch nicht an der Praxis vorbei agieren. Schließlich zeigt sich auch im Bereich Übersetzen, dass die Vorstellungen von Qualität zwischen Theorie und Praxis stark auseinanderklaffen können (vgl. z. B. Miethling 2009).

Zunehmende Bedeutung für die Translationswissenschaft erhält auch die Erforschung verschiedener Möglichkeiten des Teledolmetschens (*Remote Interpreting*), das per Telefon, Videokonferenz oder einer einfachen Software wie *Skype* erfolgen kann. Von besonderem Interesse werden hier die Ergebnisse des unter 4.1 erwähnten österreichischen Pilotversuchs zum Videodolmetschen sein. Via *Remote Interpreting* könnte das zentrale Problem der schlechten Verfügbarkeit externer Dolmetscher in Verbindung mit der schlechten Planbarkeit von medizinischen Gesprächen angegangen werden. Von den Akteuren des Gesundheitswesens werden solche Lösungen bisher mehrheitlich abgelehnt[52], was vermutlich auf Voreingenommenheit und fehlende Erfahrungen zurückgeführt werden kann.

Doch auch für die Dolmetscher ist ersten Erhebungen zufolge das *Remote Interpreting* mit zusätzlichem Stress und weiteren Problemen verbunden (vgl. Korak 2010:21f.). Bevor man sich also für diese Form des Dolmetschens engagiert, sollte genau überlegt werden, ob eine weitere Verschlechterung der Arbeitsbedingungen von Dolmetschern mit der Translationsethik zu vereinbaren wäre. Wenn sichergestellt werden kann, dass durch den Einsatz von webbasierten Technologien keine Dumpingspirale ausgelöst wird, sind allerdings auch Vorteile ersichtlich (vgl. ebd.:passim). So müssen Dolmetscher, die für Notfälle auf Abruf verfügbar sind, mitunter nachts ins Krankenhaus. Dieser mit dem *in-situ-*

---

[52] Auf der unter 2.2.3 erwähnten Rangliste bei Pöchhacker 2000a steht diese Möglichkeit mit Abstand an letzter Stelle.

Dolmetschen verbundene Stress könnte durch das Teledolmetschen erheblich verringert werden. Zu verbessern bleiben in jedem Fall die technischen Leistungen, um eine optimale Ton- und Bildqualität zu erzielen. Und nicht zuletzt müssten alle Akteure für diesen Modus geschult werden, was Maßnahmen im Sinne der *Customer Education* erfordert (vgl. Korak 2010:158f.).

4.3 Vorschläge zu Prioritäten im Rahmen einer Professionalisierungsstrategie

Eine vollständige Professionalisierung des Dolmetschens im Gesundheitswesen kann derzeit nicht als realistische Option angesehen werden. Denn selbst wenn dies politisch gewollt wäre, stünden für viele Sprachen keine ausgebildeten Dolmetscher zur Verfügung. In den letzten Jahren wurden vermehrt Programme zur Aus- oder Weiterbildung von Dolmetschern für den medizinischen Bereich eingerichtet. Eine Evaluation der Qualität und Effizienz dieser Initiativen könnte Gegenstand einer weiteren Arbeit sein.[53]

Der viel diskutierte Fachkräftemangel wird auch für die Verständigung im Gesundheitswesen zu einer Herausforderung. Grundsätzlich sollte angestrebt werden, ein Berufsbild zu schaffen, in dem die Absolventen ihrer Qualifikation entsprechend eingesetzt und entlohnt werden. Unter den derzeitigen Bedingungen (kein Berufsprofil, schlechte Bezahlung) ist es verständlich, dass sich professionelle Dolmetscher nicht auf eine Tätigkeit im Gesundheitswesen oder in einem anderen Bereich des Community Interpreting spezialisieren. Es müssten Anreize geschaffen werden, die eine Entscheidung für diesen Beruf begünstigen. Die Migranten, die sich bisher für eine Qualifizierungsmaßnahme des Gemeindedolmetschdienstes bewerben, sind in erster Linie Sozialhilfeempfänger, die sich von der Tätigkeit ein zusätzliches Einkommen erhoffen. Wer einen „richtigen Job" bekommt, hört mit dem Dolmetschen wieder auf. Für Dolmetscher, bei denen die Alternative nicht „Hartz IV" heißt, stehen diese Einsätze auf der Attraktivitätsskala von vornherein ganz unten.

Von einer Ideallösung sind wir in Deutschland in jedem Fall weit entfernt. Im Bewusstsein der zu bemängelnden Gesamtsituation ist der Handlungsbedarf

---

[53] Eine relativ aktuelle Übersicht über das Angebot findet sich in einer MDÜ-Ausgabe mit dem Schwerpunkt Community Interpreting (MDÜ 2007).

jedoch dort am dringendsten, wo die improvisierten Notlösungen nicht nur die Gesundheit der Patienten gefährden, sondern darüber hinaus zulasten von Schutzbefohlenen gehen.

Aus den vorangegangenen Ausführungen wird ersichtlich, dass eine Professionalisierung des Dolmetschens im medizinischen Bereich sowohl die gesundheitliche Versorgung von Migranten verbessern kann, als auch einen wichtigen Beitrag zum Schutz von Kindern und Jugendlichen leisten würde.[54] Die abschließenden Überlegungen gelten möglichen Prioritäten innerhalb einer umfassenden Professionalisierungsstrategie für das Dolmetschen im Gesundheitswesen. Schließlich ist davon auszugehen, dass es sich dabei um einen langwierigen Prozess handeln wird, bei dem Anhaltspunkte für besonders dringliche Schritte als Katalysator dienen könnten.

Die Konzepte sollten sich am Bedarf und an der Dringlichkeit orientieren. Ein wesentlicher Schritt wäre die Einrichtung einer Dolmetscherdatenbank, auf die alle niedergelassenen Ärzte und auch die Patienten selbst zugreifen können. Denn gerade in der ambulanten Versorgung fehlen Alternativen, sodass hier vermehrt Kinder für Dolmetschzwecke eingesetzt werden.

Für die Kliniken erlaubt die differenzierte Betrachtung der Situationen, in denen Kinder dolmetschen, eine Priorisierung nach medizinischen Bereichen. Zum einen zeigte sich, dass besonders häufig für die Mütter gedolmetscht wird, zum anderen, dass Gespräche über intime Probleme mit besonders vielen Schwierigkeiten verbunden sind. Dazu zählen Tabus und schambesetzte Themen, aber auch die Frage der Altersangemessenheit. Ein besonders dringender Bedarf einer Professionalisierung besteht demnach in der Gynäkologie bzw. Geburtshilfe. Dafür spricht auch die zentrale Bedeutung gynäkologischer Untersuchungen für die Gesundheit von Frauen. Aus Sicht der Ärzte kommt hinzu, dass Fehler bei (irreversiblen) gynäkologischen Maßnahmen rechtlich besonders häufig dem Arzt angelastet werden. Hier empfiehlt sich für die Sprachen mit hohem Bedarf eine Festanstellung, um die Verfügbarkeit zu gewährleisten. Um noch gezielter Kinder zu entlasten, könnte durch eine zusätzliche Erhebung erfasst

---

[54] Es sei noch einmal darauf hingewiesen, dass die Medizin nicht der einzige Bereich ist, in dem der Einsatz professioneller Dolmetscher essenziell wäre. Gerade im Umgang mit Behörden und speziell der Polizei steht die Wahrung der Menschenrechte durch den Einsatz von Laiendolmetschern ebenso infrage wie im Gesundheitswesen.

werden, für welche Sprachen besonders häufig Kinder zum Dolmetschen mitgebracht werden, damit vorrangig Dolmetscherinnen für diese Sprachen angefordert werden können.

Ebenfalls sehr hoch ist der Bedarf an professionellen Dolmetschern in der Psychiatrie und Psychosomatik, vornehmlich aufgrund der zentralen Bedeutung der Kommunikation in diesen Abteilungen. Allerdings werden hier deutlich seltener Kinder eingesetzt, sodass dieser Bereich aus der speziellen Perspektive der vorliegenden Arbeit nicht an erster Stelle steht. Allgemein halten die meisten Ärzte und Therapeuten in diesen Abteilungen eine muttersprachliche Betreuung für die beste Lösung, da ein direkter Kontakt zwischen Therapeut und Klient erforderlich sei (vgl. Hellbernd 1996:53). Hier wäre auszuloten, unter welchen Umständen entsprechend geschulte Dolmetscher doch eine effiziente Therapie ermöglichen, damit psychische Belastungen infolge von Migration bzw. Flucht gemildert werden können.

Bisher kaum beachtet wurde die Situation in der Pädiatrie, wo zum einen Kinder für ihre Geschwister dolmetschen, zum anderen kranke Kinder eigenständig mit dem Arzt kommunizieren müssen, da ihre Eltern sie dabei nicht unterstützen können. Hier könnten professionelle Dolmetscher dafür sorgen, dass die Mütter oder Väter ihrer Elternrolle gerecht werden können.

Unabhängig vom Fachgebiet ist die medizinische Versorgung von Flüchtlingen ein Bereich, der mit Blick auf das Kindeswohl besonders dringend professionalisiert werden müsste. Die Entscheidung zur Flucht erfolgt aus einer Not heraus, und für das Erlernen einer neuen Sprache bleibt im Vorfeld kein Raum. Auch aus weiteren Gründen ist für Flüchtlinge die Ankunft in der Aufnahmegesellschaft noch schwerer als für andere Migranten. Bei der Finanzierung von Dolmetschleistungen ist zu bedenken, dass diese nicht allein über die Krankenkassen erfolgen dürfte, da Flüchtlinge i. d. R. nicht versichert sind. Unabhängig von der grundsätzlichen Frage, wie in Deutschland mit Flüchtlingen umgegangen wird, ist es m. E. zumindest für die ärztliche Begutachtung vor dem Hintergrund einer möglichen Abschiebung ethisch unter keinen Umständen zu vertreten, diese Gespräche von Kindern dolmetschen zu lassen. Da außer den Kindern selten Personen zum Dolmetschen zur Verfügung stehen und da es um Entscheidungen geht, die sich auf das gesamte Leben der Betroffenen auswirken, wäre der Einsatz professioneller Dolmetscher in diesem Bereich die einzige Lösung. Die derzeit geltenden Regelungen erschweren dies, sodass eine Abstimmung mit dem Gesetzgeber mit dem Ziel einer Änderung des Asylbewerberleistungsgesetzes dringend erforderlich wäre.

Fazit und Ausblick

Das Ziel der vorliegenden Arbeit bestand darin, mithilfe einer interdisziplinären Synopse den Einsatz von Kindern als Dolmetscher im deutschen Gesundheitswesen aus verschiedenen Perspektiven zu beleuchten, um Aufschluss darüber zu erlangen, welche Implikationen sich daraus insbesondere für die Kinder, aber auch für das medizinische Personal, die Patienten und die Gesellschaft ergeben.

Ausgangspunkt für die Überlegungen war die in der internationalen Translationswissenschaft bereits problematisierte Tatsache, dass Patienten mit unzureichenden Kenntnissen der Landessprache bei medizinischen Gesprächen oftmals ihre Kinder mitbringen, damit diese für eine Verständigung sorgen können. Dies konnte durch zahlreiche Studien auch für Deutschland bestätigt werden. Es zeigte sich, dass eine wesentliche Ursache dafür die mangelnde Verfügbarkeit professioneller Dolmetscher ist. Hinzu kommt, dass die Kinder im Vergleich zu erwachsenen Bezugspersonen der Patienten i. d. R. besser Deutsch sprechen und die Eltern über die Zeit der Kinder verfügen können. Aus anderen alltäglichen Situationen ist ihnen der Umstand, dass die Kinder für sie dolmetschen, vertraut; auch von den Kindern wird die Aufgabe mehrheitlich als normal angesehen und häufig mit Freude und Stolz übernommen.

Die in dieser Arbeit vorgenommene detaillierte Betrachtung der dolmetschvermittelten Arzt-Patienten-Interaktion lieferte jedoch Belege dafür, dass es zumindest in diesem speziellen Setting problematisch ist, wenn Kinder für ihre Familie dolmetschen. Zum einen sind Kinder trotz ihrer größtenteils guten Sprachkenntnisse nicht geeignet, für eine erfolgreiche Kommunikation zu sorgen, da ihnen die professionelle translatorische Kompetenz fehlt und sie zentrale Anforderungen wie etwa Neutralität und Genauigkeit nicht erfüllen können. Darin stehen sie mit anderen Laiendolmetschern auf einer Stufe. Zum anderen ist umgekehrt das Dolmetschen im Gesundheitswesen nicht für Kinder geeignet, woran selbst nahezu perfekte Zweisprachigkeit, medizinisches Hintergrundwissen und Training nichts ändern würden. Darin unterscheiden sich Kinder erheblich von anderen Laien, wie im Folgenden noch einmal zusammenfassend erläutert wird.

Deutlich wurde, dass die von Ärzten und Patienten geforderte Neutralität der Verdolmetschung nicht erfüllt werden kann, da die Kinder in hohem Maße persönlich in die Situation involviert sind und aufgrund ihrer nicht vollständig ausgereiften Persönlichkeit keine Strategien entwickeln können, sich gegenüber belastenden Emotionen und divergierenden Erwartungen der Akteure abzugrenzen. Dies stellt i. d. R. bereits für Profis eine Herausforderung dar, weshalb für Medizindolmetscher (in der Theorie) häufig eine Supervision gefordert wird. Des Weiteren konnte gezeigt werden, dass die Kinder mit altersunangemessenem Wissen konfrontiert werden, das ihren Erfahrungshorizont übersteigt und eine Aufhebung der Grenzen zwischen Kindern und Erwachsenen begünstigt. Die Diskussion um die Auswirkungen eines dadurch beschleunigten Reifeprozesses auf die Persönlichkeit der Kinder kann wie folgt zusammengefasst werden:

Während insbesondere in vielen hier zitierten US-amerikanischen Studien betont wird, dass Kinder ihre Rolle als Dolmetscher positiv sehen und z. B. in ihrer kognitiven Entwicklung davon profitieren können, führte die in der vorliegenden Arbeit zusätzlich eingenommene Perspektive mit dem Fokus auf längerfristige Folgen zu anders lautenden Erkenntnissen. Der genaue Zusammenhang zwischen äußeren Einflüssen (Setting, allgemeine Familiensituation usw.), dem subjektiven Erleben der Dolmetschsituation und möglichen Folgen für die Persönlichkeitsentwicklung ist weiterhin unklar und in seiner schier unermesslichen Komplexität im Rahmen einer Arbeit wie der hier vorgelegten nicht hinreichend zu ergründen. Es konnte jedoch gezeigt werden, dass es auch ohne traumatische Erlebnisse zu negativen Folgen für die Kinder kommen kann, die diese nicht als solche erkennen. Die Verschiebung im Familiengefüge, die entsteht, wenn sich Eltern in lebenswichtigen Situationen in die Abhängigkeit ihrer Kinder begeben, ist nicht nur eine potenzielle Quelle familiärer Konflikte, sondern kann eine aus psychologischer Sicht gesunde Entwicklung der Kinder verhindern. Die aus medizinischer Sicht bereits seit Längerem erkannte Notwendigkeit einer Professionalisierung des Medizindolmetschens wurde damit um eine zusätzliche Dimension erweitert.

Offen bleibt, ob andere Kontexte, in denen Kinder dolmetschen, tatsächlich weniger problematisch sind. Da für die Familiendynamik vermutlich die Häufigkeit der Einsätze und die Tragweite der damit verbundenen Entscheidungen eine Rolle spielen, könnte mit gezielten Analysen der Handlungsbedarf in weiteren Bereichen (Bildungswesen, Behörden) ergründet werden. Langzeitstudien wären eine Möglichkeit, um herauszufinden, inwiefern Kinderdolmetscher im

Erwachsenenalter von den Erfahrungen geprägt bleiben. Der sicherste Schutz vor möglichen psychischen Störungen wären zweifellos gut integrierte Eltern, die sich problemlos auf Deutsch verständigen können und ihre Kinder nicht als „Krücke" benutzen. Doch das Beharren auf der Forderung nach besseren Deutschkenntnissen greift vor dem Hintergrund sich ständig wandelnder Migrationsprozesse zu kurz und würde an der Situation der Kinder in absehbarer Zeit nicht viel ändern.

Die einzige Möglichkeit einer Entlastung der Kinder stellt somit die Einrichtung professioneller Dolmetschdienste dar. Einige Ansätze, die in diesem Zusammenhang diskutiert und erprobt werden, wurden in der vorliegenden Arbeit exemplarisch dargestellt und im Sinne einer einheitlichen Professionalisierungsstrategie weitergedacht. Deutlich wurde, dass zahlreiche Initiativen an der Etablierung eines Berufsbildes arbeiten. Die Weichen für die Art der dafür erforderlichen Qualifikation werden gerade gestellt, bisher jedoch mit nur geringer Beteiligung der Translationswissenschaft. So haben sich inzwischen die größten Projekte zu einer Bundesarbeitsgruppe zusammengeschlossen, die finanzielle Unterstützung vom Staat erhält. Das angestrebte Berufsbild „Sprach- und Integrationsmittler" wird dabei klar vom Beruf des Dolmetschers abgegrenzt. Für die deutsche Translationswissenschaft stellt sich folglich die dringende Frage: Will sie sich aus der Diskussion um eine Professionalisierung des Community Interpreting heraushalten und die Chance auf die Erschließung eines neuen Marktes für hoch qualifizierte Fachdolmetscher ungenutzt lassen? Schließlich ist zu erwarten, dass das CI in den kommenden Jahrzehnten von allen Dolmetschdienstleistungen das am stärksten wachsende Marktsegment sein wird. Grund genug, dem häufig als Totschlagargument gebrauchten Problem der Finanzierung nicht nachzugeben, sondern sich eine translationswissenschaftlich fundierte Veränderung der Translationskultur zum Ziel zu setzen.

Eine der Voraussetzungen für eine Professionalisierung ist die Einigung über Qualitätsanforderungen im Sinne von Mindeststandards. Mit der Zeit können diese Anforderungen anhand von Erfahrungswerten immer konkreter werden. Entscheidend ist, dass die simple Forderung nach einem Hochschulabschluss oder einer Mitgliedschaft im BDÜ nicht ausreicht. Auf der einen Seite sind die

Gesprächssituationen so komplex, dass auch für professionelle Dolmetscher Weiterbildungsmaßnahmen erforderlich sind. Auf der anderen Seite müssen Lösungen dafür gefunden werden, wie der Bedarf an Minderheitensprachen gedeckt werden kann, die in den akademischen Programmen nicht vorkommen und für die es derzeit keine Dolmetschlehrer gibt. Erwachsene Laiendolmetscher sind hier als potenzielle „Ressource" anzusehen, da ihre in bisherigen Untersuchungen als unzureichend beurteilten Leistungen nicht belegen, dass sie auch nach einer umfassenden Weiterbildung prinzipiell für diesen Beruf ungeeignet wären. Daher sollten Initiativen wie der Berliner Gemeindedolmetschdienst gewürdigt und dahin gehend unterstützt werden, dass die Absolventen solcher Qualifizierungsmaßnahmen tatsächlich die – noch zu vereinbarenden – Mindeststandards erfüllen können.

Bei der Entwicklung eines neuen Berufsbildes für professionelle Medizindolmetscher ist zudem darauf zu achten, dass sich das berufliche Selbstverständnis nicht ausschließlich auf das Dolmetschen für Migranten konzentrieren sollte. Sie bilden zwar mit Sicherheit die Mehrheit der potenziellen Klienten, doch zum einen kann die Dienstleistung eines Medizindolmetschers auch von Menschen in Anspruch genommen werden, die sich aus anderen Gründen in Deutschland aufhalten (Geschäftsreisende, Touristen usw.), zum anderen agiert der Dolmetscher ebenso im Interesse der Institution Krankenhaus (bzw. des Gesundheitswesens im Allgemeinen). Seit einigen Jahren kommen zudem immer häufiger „Medizintouristen" nach Deutschland, die für eine gute Behandlung viel Geld bezahlen. Professionelle Medizindolmetscher stellen in diesem Kontext einen Konkurrenzvorteil dar, mit dessen Hilfe Kliniken wohlhabende Patienten aus dem Ausland anwerben könnten. Hier liegt unter Umständen ein Potenzial für eine klinikinterne Finanzierung von Dolmetschdiensten, das näher zu analysieren wäre. Die derzeit mit der Tätigkeit verbundene karitative Note könnte durch eine solche Fokusverschiebung abgemildert werden, was dem Ziel einer entsprechenden Honorierung der Dolmetschleistungen förderlich wäre.

Doch was heißt das für die dolmetschenden Kinder, deren Perspektive in der vorliegenden Arbeit im Zentrum stand? Aus ihrer Sicht ist zunächst einmal jede Form der Professionalisierung positiv und als potenzielle Entlastung zu sehen, da so die Häufigkeit der Dolmetscheinsätze von Kindern reduziert werden kann.

Die hier gewonnenen Erkenntnisse zeigen jedoch auch, dass sich Patienten mit unzureichenden Deutschkenntnissen vermutlich nur dann überzeugen lassen, ihre Kinder nicht als die besseren Dolmetscher anzusehen, wenn der durch den Profi gebotene Mehrwert tatsächlich als solcher erkennbar ist. Dies würde neben einer im günstigsten Fall differenzierten Professionalisierungsstrategie vor allem eine umfassende Sensibilisierungs- und Aufklärungskampagne erfordern.

Die hier problematisierte Abhängigkeit der Eltern von den Dolmetschleistungen ihrer Kinder ist nicht auf den medizinischen Bereich beschränkt. Eine Forderung nach professionellen Dolmetschern als Unterstützung in sämtlichen Alltagssituationen würde indes nach meiner persönlichen Einschätzung zu weit führen. Ein „Rundum-Service" für Migranten ist zum einen kaum zu finanzieren und könnte zum anderen tatsächlich dazu führen, dass die Motivation zum Erlernen der deutschen Sprache sinkt. Dies würde die bestehenden Probleme, die in der wieder entbrannten Migrations- und Integrationsdebatte diskutiert werden, verschärfen, da Sprache ein zentraler Bestandteil von Integration ist. Es sollte jedoch deutlich geworden sein, dass medizinische Gespräche nicht mit anderen Situationen des täglichen Lebens gleichzusetzen sind. Daher sollten die Bemühungen um eine Professionalisierung des Community Interpreting hier in besonderem Maße verstärkt werden. Abgesehen von den festgestellten Schwierigkeiten, die sich für dolmetschende Kinder ergeben, ist die Kommunikation in der Medizin letztlich von lebenswichtiger Bedeutung.

"Denn die Medizin ist nie stumm und geschieht immer mindestens zwischen zwei Menschen, von denen der eine in Not ist und der andere Hilfe versucht."

(Eduard Seidler)

Bibliografie

AKBAL, SAFIL (1998) „Migrant/innen in Österreich und Europa – ihre mangelnde Integration im Gesundheitswesen und Perspektiven." In: David, Matthias et al. eds., 115-120.

ALBRECHT, NIELS-JENS (1998) „Implementierung von Sprach- und Kulturmittlung am Universitätskrankenhaus Eppendorf (UKE) als Beitrag zur Qualitätssicherung in der Kommunikation mit fremdsprachigen Patienten." In: David, Matthias et al. eds., 185-187.

ALBRECHT, NIELS-JENS et al. eds. (2005) *Sprach- und Kulturmittlung. Ein neuer Weg zur Verbesserung der Gesundheitsversorgung von Flüchtlingen und MigrantInnen.* Göttingen: Cuvillier.

ALLAOUI, RAOUA (2005) *Dolmetschen im Krankenhaus.* Göttingen: Cuvillier.

AMT FÜR STATISTIK BERLIN-BRANDENBURG (2011a) *Statistischer Bericht,* http://www.statistik-berlin-brandenburg.de/Publikationen/Stat_Berichte/2011/SB_A1-6_hj02-10_BE.pdf [13.8.2013].

AMT FÜR STATISTIK BERLIN-BRANDENBURG (2011b) *Statistischer Bericht,* http://www.statistik-berlin-brandenburg.de/Publikationen/Stat_Berichte/2011/SB_A1-5_hj02-10_BE.pdf [13.8.2013].

ANDREAS, MANFRED (2001) „Dolmetscherkosten bei ausländischen Patienten." In: *Arztrecht* 36 (8), 206-208.

ANDRES, DÖRTE + PÖLLABAUER, SONJA eds. (2009) *Spürst Du, wie der Bauch rauf-runter? Fachdolmetschen im Gesundheitsbereich.* München: Martin Meidenbauer.

APFELBAUM, BIRGIT + BISCHOFF, ALEXANDER (2002) „Dolmetschtraining als Kommunikationstraining. Anwendung neuerer Forschungsergebnisse zu Dolmetscheinsätzen im Gesundheitswesen." In: *MDÜ* 1/02, 12-17.

ARAUJO, LILIANA (2008) *A Voice: The Role of Child Interpreters in their Parents Immigration and Settlement Experience in Canada.* Masterarbeit, Ryerson Universtity (Toronto), http://digitalcommons.ryerson.ca/dissertations/77 [13.8.2013].

BABITSCH, BIRGIT et al. (2008) "Doctor's perception of doctor-patient relationships in emergency departments: what role do gender and ethnicity play?" In: *BMC Health Services Research*, 8:82 (http://www.biomedcentral.com/1472-6963/8/82).

BAHADIR, ŞEBNEM (2000) „Von natürlichen Kommunikationskrücken zu professionellen Kommunikationsbrücken." In: *TEXTconTEXT* 14=NF4, 2, 211-229.

BALAEI, HAFEZ (2004) *Notwendigkeit der Professionalisierung von Dolmetschern im Justizwesen.* Hamburg:Verlag Dr. Kovac.

BARKOWSKI, MARJA (2007) *Dolmetschen im medizinischen Bereich.* Schriften des BDÜ 26, Berlin: BDÜ Fachverlag.

BBMFI – Beauftragte der Bundesregierung für Migration, Flüchtlinge und Integration ed. (2003) *Gesunde Integration. Dokumentation der Fachtagung am 20. und 21. Februar 2003 in Berlin*. Bonn: Universitäts-Buchdruckerei.

BDÜ – Bundesverband der Dolmetscher und Übersetzer e. V. ed. (2011) *Fachliste Medizin, Pharmazie und Medizintechnik. Spezialisierte Übersetzer/innen und Dolmetscher/innen für mehr als 30 Sprachen*. Berlin: BDÜ Fachverlag.

BDÜ – Bundesverband der Dolmetscher und Übersetzer e. V. ed. (2010) *Qualitätssicherung beim Dolmetschen im Gesundheitswesen*. Reihe BDÜ aktuell, Berlin: BDÜ Fachverlag.

BEZIRKSAMT FRIEDRICHSHAIN-KREUZBERG (2006) *Dokumentation der Fachtagung Migration, Integration und Gesundheit „10 Jahre interkulturelles Gesundheitsnetzwerk"*, http://www.berlin.de/imperia/md/content/bafriedrichshain-kreuzberg/plan-undleitstelle/dokumentation_migration.pdf [13.8.2013].

BLÖCHLIGER, CORINNE et al. (1997) „Asylsuchende und Flüchtlinge in der ambulanten Gesundheitsversorgung: Kommunikation zwischen Arzt und Patient." In: *Praxis. Schweizerische Rundschau für Medizin* 86 (19), 800-810.

BÖHMER, MARIA (2010) „Gesundheit als Ziel der Integrationspolitik". In: Deutscher Ethikrat ed., 13-19.

BORDE, THEDA (2005) „Patientinnen mit Migrationshintergrund im Krankenhaus – Informationsbedarf, Realität der Aufklärung und Konsequenzen". In: Albrecht, Niels-Jens et al. eds., 52-67.

BORDE, THEDA (2007) „GemeindedolmetscherInnen in Berlin. Gut qualifiziert für ein neues Arbeitsfeld?" In: Borde, Theda + Albrecht, Niels-Jens eds., 248-268.

BORDE, THEDA (2010) „Frauengesundheit und Migration: Bedürfnisse – Versorgungsrealität – Perspektiven". In: Deutscher Ethikrat ed., 41-52.

BORDE, THEDA + ALBRECHT, NIELS-JENS eds. (2007) *Innovative Konzepte für Integration und Partizipation. Bedarfsanalyse zur interkulturellen Kommunikation in Institutionen und für Modelle neuer Arbeitsfelder*. Interdisziplinäre Reihe Migration – Gesundheit – Kommunikation, Band 3. Frankfurt a. M.: IKO.

BORDE, THEDA + DAVID, MATTHIAS eds. (2003) *Gut versorgt? Migrantinnen und Migranten im Gesundheits- und Sozialwesen*. Frankfurt a. M.: Mabuse.

BRUNETTE, LOUISE et al. eds. (2003) *The Critical Link 3: Interpreters in the community*. Amsterdam/Philadelphia: John Benjamins.

BULLOCK, CAROLYN + HARRIS, BRIAN (1997) "Schoolchildren as Community Interpreters". In: Carr, Silvana E. et al. eds., 227-235.

BUNDESÄRZTEKAMMER ed. (2006) *(Muster-)Berufsordnung für die deutschen Ärztinnen und Ärzte*. http://www.bundesaerztekammer.de/downloads/mbopdf.pdf [13.8.2013].

BURIEL, RAYMOND et al. (1998) "The Relationship of Language Brokering to Academic Performance, Biculturalism, and Self-Efficacy among Latino Adolescents". In: *Hispanic Journal of Behavioral Sciences* 20 (3), 283-297.

CAMBRIDGE, JAN (1999) "Information Loss in Bilingual Medical Interviews through an Untrained Interpreter". In: *The Translator* 5:2 (special issue on dialogue interpreting), 201-219.

CARR, SILVANA E. (1997) "A Three-Tiered Health Care Interpreter System." In: Carr, Silvana E. et al. eds., 271-276.

CARR, SILVANA E. et al. eds. (1997) *The Critical Link: Interpreters in the Community.* Amsterdam/Philadelphia: John Benjamins.

COHEN, SUZANNE et al. (1999) "Children as informal interpreters in GP consultations: pragmatics and ideology." In: *Sociology of Health and Illness,* 21 (2), 163-186.

COLLATZ, JÜRGEN (1995) „Auf dem Weg in das Jahrhundert der Migration. Auswirkungen der Migrationsbewegungen auf den Bedarf an psychosozialer und sozialpsychiatrischer Versorgung." In: Koch, Eckhardt et al. eds., 31-45.

COLLATZ, JÜRGEN (1998) „Kernprobleme des Krankseins in der Migration. Versorgungsstruktur und ethnozentristische Fixiertheit im Gesundheitswesen." In: David, Matthias et al. eds., 33-58.

DAVID, MATTHIAS et al. eds. (1998) *Migration und Gesundheit. Zustandsbeschreibung und Zukunftsmodelle.* Frankfurt a. M.: Mabuse.

DAVID, MATTHIAS et al. eds. (2000) *Migration – Frauen – Gesundheit: Perspektiven im europäischen Kontext.* Frankfurt a. M.: Mabuse.

DEININGER, SUSANNE (2007) „Zur sprachlichen Verständigung in Krankenhäusern Berlins – die Perspektive der Klinikleitungen." In: Borde, Theda + Albrecht, Niels-Jens eds., 22-38.

DEUTSCHER BUNDESTAG (2000) *Bericht der Bundesregierung zu Kinderarbeit in Deutschland.* (Link erreichbar über http://www.aktiv-gegen-kinderarbeit.de/welt/europa/deutschland, [25.4.2011]).

DEUTSCHER ETHIKRAT ed. (2010) *Migration und Gesundheit. Kulturelle Vielfalt als Herausforderung für die medizinische Versorgung.* Tagungsdokumentation. Berlin.

DI GALLO, ALAIN (2010) „Risiken und Chancen der Migration aus kinder- und jugendpsychiatrischer Sicht." In: Deutscher Ethikrat ed., 53-58.

DORSCH PSYCHOLOGISCHES WÖRTERBUCH (2004), 14. Auflage, Bern: Hans Huber.

DREIBIG, VERENA (2005) *Interkulturelle Kommunikation im Krankenhaus. Eine Studie zur Interaktion zwischen Klinikpersonal und Patienten mit Migrationshintergrund.* Bielefeld: transkript.

EBDEN, PHILIP et al. (1988) "The Bilingual Consultation." In: *The Lancet,* 347-348.

EGGER, JOSEF W. (2007) „Fakten zur Arzt-Patient-Kommunikation." In: *Psychologische Medizin,* 4/07, 2-3.

FLORES, GLENN et al. (2003) "Errors in Medical Interpretation and Their Potential Clinical Consequences in Pediatric Encounters." In: *Pediatrics* 111, 6-14.

FÖRDERVEREIN NIEDERSÄCHSISCHER FLÜCHTLINGSRAT E.V. ed. (2004) *Gesundheit von Flüchtlingen. Zwischen Staatsinteresse und Patientenwohl. Erfahrungen aus der Praxis.* 2. Dokumentation im Rahmen des Projektes SPuK – Sprache und Kultur: Grundlagen für eine effektive Gesundheitsversorgung. Hildesheim.

FRÜHAUF, JOHANNES et al. (2000) „Gesundheitsversorgung von Migrantinnen in der Gynäkologie: Stellenwert sprachlicher Schwierigkeiten." In: David, Matthias et al. eds., 217-225.

GESUNDHEIT BERLIN E. V. (2011), http://www.gesundheitberlin.de/index.php4?request=themen&topic_id=139 [13.8.2013].

GONZALEZ-NAVA, SANDRA (2009) „Das Gespräch als Qualitätsfaktor der Behandlung." In: Andres, Dörte + Pöllabauer, Sonja eds. *Spürst Du, wie der Bauch rauf-runter? Fachdolmetschen im Gesundheitsbereich.* München: Martin Meidenbauer, 71-84.

GRAF, JOHANNA + FRANK, REINER (2001) „Parentifizierung: Die Last, als Kind die eigenen Eltern zu bemuttern." In: Walper, Sabine + Pekrun, Reinhard eds., 314-341.

GRBIĆ, NADJA + PÖLLABAUER, SONJA eds. (2006) „*Ich habe mich ganz peinlich gefühlt.* " *Forschung zum Kommunaldolmetschen in Österreich: Problemstellungen, Perspektiven und Potenziale.* Graz.

GREEN, JUDITH et al. (2005) "Translators and mediators: bilingual young people's accounts of their interpreting work in health care." In: *Social Science and Medicine* 60, 2097-2110.

GRUBE, MICHAEL (1995) „Darstellung eines türkisch-deutschsprachigen Verbundmodells zwischen psychiatrischer Klinik und psychosozialer Beratungsstelle." In: Koch, Eckhardt et al. eds., 199-205.

GSA E.V. (2000) *Kinderarbeit in Deutschland.* http://www.gsa-essen.de/gsa/analysen/analysen2000/analysen_a0-29_kinderarbeit.htm [25.4.2011].

GUSKE, IRIS (2009) "Commnity Interpreting and ethnic communities – Using minority children as "convenient tool" in public service interpreting." In: Baur, Wolfram et al. eds. *Übersetzen in die Zukunft. Herausforderungen der Globalisierung für Dolmetscher und Übersetzer. Tagungsband der Internationalen Fachkonferenz des Bundesverbandes der Dolmetscher und Übersetzer e.V. (BDÜ),* Berlin, 377.

GWINNER, DOROTHEE (2004) „Umfrage zu Sprachmittlung in den Landeskrankenhäusern und psychiatrischen Kliniken in Niedersachsen." In: Förderverein Niedersächsischer Flüchtlingsrat e.V. ed., 72-75.

HACKENBROCH, VERONIKA (2000) „Anatolischer Bauch." In: *Der Spiegel,* 25/00, 224-229, http://www.spiegel.de/spiegel/print/d-16694722.html [13.8.2013].

HARRIS, BRIAN + SHERWOOD, BIANCA (1978) "Translating as an Innate Skill." In: Gerver, David + Sinaiko, H. Wallace eds. *Language Interpretation and Communication,* New York: Plenum Press, 155-170.

HEDGES, CHRIS (2000) "Translating America For Parents and Family. Children of Immigrants Assume Difficult Roles." In: *New York Times*, 19. Juni, http://www.nytimes.com/2000/06/19/nyregion/translating-america-for-parents-family-children-immigrants-assume-difficult.html?scp=1&sq=hedges%20translating&st=cse [13.8.2013].

HEIGL, ANDREA (2013) „Sprachbarrieren im Spital." In: *Der Standard*, 24.5.2013.

HELLBERND, HILDEGARD (1996) *Zum Umgang mit Verständigungsproblemen in der stationären Versorgung von Migranten und Migrantinnen. Eine Untersuchung am Beispiel eines Akutkrankenhauses unter besonderer Berücksichtigung der ärztlichen Sicht.* Magisterarbeit, TU Berlin.

ILKILIC, ILHAN (2002) *Der muslimische Patient. Medizinethische Aspekte des muslimischen Krankheitsverständnisses in einer wertpluralen Gesellschaft.* Münster: Lit.

INFO DAF – Informationen Deutsch als Fremdsprache (1998), 25 (5).

JACOBS, B. et al. (1995) "The hazards of using a child as an interpreter." In: *Journal of the Royal Society of Medicine*, 88, 474-475.

JARBSCHG – Jugendarbeitsschutzgesetz (2011), http://www.rechtsportal.de/Gesetze/Gesetze/Arbeitsrecht/Arbeitsschutz/Jugendarbeitsschutzgesetz

JONES, CURTIS + TRICKETT, EDISON (2005) "Immigrant Adolescents Behaving as Culture Brokers: A Study of Families From the Former Soviet Union." In: *The Journal of Social Psychology*, 145 (4), 405-428.

KAUR, SUKHWANT + MILLS, RICHARD (1993) "Children as interpreters." In: Mills, Richard + Mills, Jean eds. *Bilingualism in the Primary School*, London: Routledge, 113-125.

KENTENICH, HERIBERT et al. (1998) „Türkische Patientinnen in der Gynäkologie. Probleme – Mißverständnisse – Lösungsansätze." In: David, Matthias et al. eds., 121-143.

KNIPPER, MICHAEL + BILGIN, YASAR (2009) *Migration und Gesundheit.* Berlin: St. Augustin.

KOCH, ECKHARDT et al. eds. (1995) *Psychologie und Pathologie der Migration. Deutsch-Türkische Perspektiven.* Freiburg: Lambertus.

KORAK, CHRISTINA (2010) *Remote Interpreting via Skype. Anwendungsmöglichkeiten von VoIPSoftware im Bereich Community Interpreting – Communicate everywhere?* Reihe TransÜD, Band 30, Berlin: Frank & Timme.

KOTTERBA, DARJA + KLAMANN, DOREEN (2009) „Parentifizierung – Wenn Kinder und Eltern ihre Rollen tauschen. Psychische und emotionale Belastungen bei Kindern und Jugendlichen aus Flüchtlingsfamilien." In: *Human Place*, 1/09, 9-11.

KRATOCHVIL, MISHA (2001) "Translating for Parents Means Growing Up Fast." In: *New York Times*, 26. August, http://www.nytimes.com/2001/08/26/nyregion/urban-tactics-translating-for-parents-means-growing-up-fast.html?scp=1&sq=kratochvil%20translating&st=cse [13.8.2013].

KULJUH, EMIR (2003) „Kinder als Dolmetscher." In: Pöllabauer, Sonja + Prunč, Erich eds., 143-147.

KUO, DAVID + FAGAN, MARK (1999) "Satisfaction with Methods of Spanish Interpretation in an Ambulatory Care Clinic." In: *Journal of General Internal Medicine* 14 (9), 547-550, http://www.ncbi.nlm.nih.gov/pmc/articles/PMC1496734/pdf/jgi_07258.pdf [13.8.2013].

KUTSCHARSKI, OLIVER (2007) „Russischsprachige PatientInnen in der ambulanten ärztlichen Versorgung – Inanspruchnahme, Erwartungen und Bedürfnisse aus der Sicht von ÄrztInnen und PatientInnen." In: Borde, Theda + Albrecht, Niels-Jens eds., 160-188.

LEDYAIKINA, OXANA et al. (2007) „Sprach- und Kulturmittlung in medizinischen und sozialen Einrichtungen aus Sicht der MitarbeiterInnen." In: Borde, Theda + Albrecht, Niels-Jens eds., 100-116.

LIPPERT, HERIBERT (1979) Sprachliche Mittel in der Kommunikation im Bereich der Medizin. In: Mentrup, Wolfgang ed. *Fachsprachen und Gemeinsprache*. Düsseldorf, 84-99 [zit. nach Wiese 1998].

LOVE, JULIA A. + BURIEL, RAYMOND (2007) "Language Brokering, Autonomy, Parent-Child Bonding, Biculturalism, and Depression. A Study of Mexican American Adolescents From Immigrant Families." In: *Hispanic Journal of Behavioral Sciences*, 29 (4), 472-491.

MACFARLANE, ANNE et al. (2008) "Responses to language barriers in consultations with refugees and asylum seekers. A telephone survey of Irish general practitioners." In: *BMC Family Practice*, 9:68 (http://www.biomedcentral.com/1471-2296/9/68).

MANE, GUDRUN (2004) „Wenn die Kommunikation zwischen PatientInnen und medizinischen Fachkräften misslingt ..." In: Förderverein Niedersächsischer Flüchtlingsrat e.V. ed., 52-69.

MARTINEZ, CHARLES R. et al. (2009) "Language Brokering Contexts and Behavioral and Emotional Adjustment Among Latino Parents and Adolescents." In: *Journal of Early Adolescence*, 29 (1), 71-98.

MDÜ – Fachzeitschrift für Dolmetscher und Übersetzer (2007) Thema: Community Interpreting, 5/07.

MDÜ – Fachzeitschrift für Dolmetscher und Übersetzer (2012) Thema: Community Interpreting – Fachdolmetschen im kommunalen, sozialen und medizinischen Bereich, 3/12.

MDÜ – Mitteilungen für Dolmetscher und Übersetzer (2002) Thema: Dolmetschen im Krankenhaus, 1/02.

MEYER, BERND (2001) "How untrained interpreters handle medical terms." In: Mason, Ian *Triadic Exchanges*. St. Jerome, 87-106.

MEYER, BERND et al. (2003) "Analysing Interpreted Doctor-Patient Communication from the Perspectives of Linguistics, Interpreting Studies and Health Sciences." In: Brunette, Louise et al. eds., 67-79.

MIETHLING, MIRJAM (2009) *Übersetzungskritik auf dem Prüfstand. Eine kritische Analyse zum Praxisbezug übersetzungskritischer Theorien im Bereich der Gebrauchstexte.* Unveröffentlichte Diplomarbeit, HU Berlin, Institut für Romanistik.

MOAZEDI, MARYAM L. (2006) „Von Samurai und Samaritern. Status, Image und Persönlichkeit unterschiedlicher Dolmetschtypen." In: Grbić, Nadja + Pöllabauer, Sonja eds., 73-98.

MORALES, ALEJANDRO + AGUAYO, DAVID (2010) *Parents and Children talk about their language brokering experiences. The case of a Mexican immigrant family,* http://www.mediazioni.sitlec.unibo.it/images/stories/PDF_folder/document-pdf/monografia2010CLB/10%20morales_and_aguayo%20pp215_238.pdf [13.8.2013].

MORALES, ALEJANDRO + HANSON, WILLIAM E. (2005) "Language Brokering. An Integrative Review of the Literature." In: *Hispanic Journal of Behavioral Sciences,* 27 (4), 471-503.

NEUBER, HARALD (2005) „Ausländische Patienten. Insellösungen vermeiden." In: *Deutsches Ärzteblatt,* 102 (10), A-652-653.

OESTERDIEKHOFF, GEORG ed. (2001) *Lexikon der soziologischen Werke,* Wiesbaden: Westdeutscher Verlag.

ORELLANA, MARJORIE et al. (2003) "Accessing Assets. Immigrant Youth's Work as Familiy Translators or 'Para-Phrasers'." In: *Social Problems,* 50 (4), 505-524.

OTTO, JEANNETTE (2002) „Das Mamma-mia-Syndrom. Medizindolmetscher erklären Ärzten, was ausländische Patienten auf dem Herzen haben." In: *Die ZEIT* 47/02.

POCHANKE-ALFF, ANGELIKA (1997) *Interkulturelle Kompetenz in der öffentlichen Gesundheitsversorgung von Migrantinnen und Migranten. Eine Untersuchung ausgewählter öffentlicher Gesundheitseinrichtungen für die Planung eines interkulturellen Gesundheitszentrums in Berlin.* Magisterarbeit TU Berlin.

POCHANKE-ALFF, ANGELIKA (2007) „Gemeindedolmetschdienst Berlin – Erfahrungen und Perspektiven." In: Borde, Theda + Albrecht, Niels-Jens eds., 236-245.

PÖCHHACKER, FRANZ (1994) *Simultandolmetschen als komplexes Handeln.* Tübingen: Narr.

PÖCHHACKER, FRANZ (1997) "'Is There Anybody out There?' Community Interpreting in Austria." In: Carr, Silvana E. et al. eds., 215-225.

PÖCHHACKER, FRANZ (2000a) *Dolmetschen. Konzeptuelle Grundlagen und deskriptive Untersuchungen.* Tübingen: Stauffenburg.

PÖCHHACKER, FRANZ (2000b) „Dolmetschen – ein Kinderspiel? Eine klinische Fallstudie." In: *TEXTconTEXT* 14=NF4, 2, S. 153-179.

PÖCHHACKER, FRANZ (2002) „Dolmetschen im Wiener Gesundheitswesen. Bedarf und Beruf." In: *MDÜ* 1/02, 21-26.

PÖCHHACKER, FRANZ (2004) *Introducing Interpreting Studies.* Oxon/New York: Routledge.

PÖCHHACKER, FRANZ (2007) "Critical linking up. Kinship and convergence of interpreting studies." In: Wadensjö, Cecilia et al. eds., 11-23.

PÖCHHACKER, FRANZ + KADRIĆ, MIRA (1999) "The Hospital Cleaner as Healthcare Interpreter. A case study", in: *The Translator* 5:2 (special issue on dialogue interpreting), 161-178.

PÖLLABAUER, SONJA (2003) „Dolmetschen im sozialen, medizinischen und therapeutischen Bereich – eine Gratwanderung zwischen Interessenskonflikten und Streben nach Professionalität." In: Pöllabauer, Sonja + Prunč, Erich eds., 17-31.

PÖLLABAUER, SONJA + PRUNČ, ERICH eds. (2003) *Brücken bauen statt Barrieren. Sprach- und Kulturmittlung im sozialen, medizinischen und therapeutischen Bereich.* Graz: Institut für Theoretische und Angewandte Translationswissenschaft.

PRUNČ, ERICH (2004) *Translationswissenschaft und Translationspraxis. Fremde oder Verbündete.* Festrede 50 Jahre Universitas, Wien.

PRUNČ, ERICH (2007) *Entwicklungslinien der Translationswissenschaft. Von den Asymmetrien der Sprachen zu den Asymmetrien der Macht.* Reihe TransÜD, Band 14, Berlin: Frank & Timme.

RAJIČ, KRISTINA (2006) „'Die Familienaußenminister'. Kinder als Sprach- und KulturmittlerInnen – eine empirische Erhebung." In: Grbić, Nadja + Pöllabauer, Sonja eds., 139-178.

RAZUM, OLIVER (2010) „Gesundheit von Migranten. Hintergründe." In: Deutscher Ethikrat ed., 21-27.

REHBEIN, JOCHEN ed. (1985) *Interkulturelle Kommunikation.* Tübingen: Narr.

REIß, KATHARINA + VERMEER, HANS J. (1984) *Grundlegung einer allgemeinen Translationstheorie.* Tübingen: Max Niemeyer.

SCHULTZ, DAGMAR (2007) „Sprachmittlung und Interkulturelle Kompetenz in Berliner psychiatrischen Einrichtungen – Ansichten und Erfahrungen von MitarbeiterInnen." In: Borde, Theda + Albrecht, Niels-Jens eds., 120-156.

SCHWENTNER, JUDITH (2004) "For never young." In: *Megaphon* 12/04, http://megaphon.at/de/strassenmagazin/archiv/megaphon_2004/november/83/ [13.8.2013].

SLAPP, ASHLEY M. (2004) *Community Interpreting in Deutschland. Gegenwärtige Situation und Perspektiven für die Zukunft.* München: Martin Meidenbauer.

SNELL-HORNBY, MARY et al. eds. (1998) *Handbuch Translation.* Tübingen: Stauffenburg.

SPICKHOFF, ANDREAS (2010) „Spezielle Patientenrechte für Migranten? Juristische und rechtsethische Überlegungen." In: Deutscher Ethikrat ed., 59-77.

TRICKET, EDISON + JONES, CURTIS (2007) "Adolescent Culture Brokering and Family Functioning. A Study of Families From Vietnam." In: *Cultural Diversity and Ethnic Minority Psychology*, 13 (2), 143-150.

TROMMSDORFF, GISELA (2001) „Eltern-Kind-Beziehungen aus kulturvergleichender Sicht." In: Walper, Sabine + Pekrun, Reinhard eds., 36-62.

TSE, LUCY (1995) "Language Brokering among Latino Adolescents: Prevalence, Attitudes, and School Performance." In: *Hispanic Journal of Behavioral Sciences* 17 (2), 180-193.

TSE, LUCY (1996) "Language Brokering in Linguistic Minority Communities: The Case of Chinese- and Vietnamese-American Students." In: *The Bilingual Research Journal* 20 (3), 485-498.

VALDÉS, GUADALUPE et al. (2003) "A Performance Team: Young Interpreters and Their Parents." In: Valdés, Guadalupe ed. *Expanding Definitions of Giftedness. The Case of Young Interpreters from Immigrant Communities*, Mahwah: Lawrence Erlbaum, 63-98.

VERBRAUCHERZENTRALE RLP (2005) *Manko bei der Gesundheitsversorgung von Migranten. Krankenhäuser ignorieren Sprachdefizite*, http://www.verbraucherzentrale-rlp.de/UNIQ129753240214189/link200294A.html [13.4.2011].

WADENSJÖ, CECILIA (1992) *Interpreting as interaction. On dialogue interpreting in immigration hearings and medical encounters*. Linköping.

WADENSJÖ, CECILIA et al. eds. (2007) *The Critical Link 4. Professionalisation of interpreting in the community*. Amsterdam/Philadelphia: John Benjamins.

WAGNER, MONIKA + MARREEL, IRIS (1998) *Untersuchung zur ambulanten gesundheitlichen Versorgung von Migranten in Berlin-Kreuzberg aus Sicht der niedergelassenen Ärzte*. Magisterarbeit TU Berlin.

WALPER, SABINE + PEKRUN, REINHARD eds. (2001) *Familie und Entwicklung. Aktuelle Perspektiven der Familienpsychologie*, Göttingen: Hogrefe.

WEISS, REGULA + STUKER, RAHEL (1999) „Wenn PatientInnen und Behandelnde nicht dieselbe Sprache sprechen ... – Konzepte zur Übersetzungspraxis." In: *Sozial- und Präventivmedizin* 44, Basel, 257-263.

WEISSKIRCH, ROBERT S. (2007) "Feelings About Language Brokering and Family Relations Among Mexican American Early Adolescents." In: *Journal of Early Adolescence*, 27 (4), 545-561.

WEISSKIRCH, ROBERT S. + ALVA-ALATORRE, SYLVIA (2002) "Language Brokering and the Acculturation of Latino Children." In: *Hispanic Journal of Behavioral Sciences*, 24 (3), 369-378.

WIESE, INGRID (1998) „Die neuere Fachsprache der Medizin seit der Mitte des 19. Jahrhunderts unter besonderer Berücksichtigung der Inneren Medizin." In: Hoffmann, L. + Kalverkämper, H. + Wiegand, H. E. eds. *Fachsprachen*. Handbücher zur Sprach- und Kommunikationswissenschaft, 14.1, Berlin: de Gruyter, 1278-1285.

ZIEGLER, JULIANE (2011) „Schmerz in der Fremde – Wenn Sprachbarrieren und kulturelle Unterschiede die medizinische Behandlung erschweren." In: *epd Sozial* Nr. 13, Evangelischer Pressedienst.

ZIMMERMANN, EMIL (2000) *Kulturelle Mißverständnisse in der Medizin. Ausländische Patienten besser versorgen*. Bern: Huber.

Anhang: Studienübersicht (Kapitel 3)

Autoren	Land	Disziplin	Perspektive	Aspekte	Herkunftskultur	Methodik
Araujo	Kanada	Migrationsforschung	Eltern	Akkulturation, Familiendynamik	Portugal	Qualitativ: Fragebogen, Interviews
Buriel et al.	USA	Psychologie	Kinder	Schulische Leistungen, Bikulturalität, Selbstvertrauen	Lateinamerika	Quantitativ: Fragebogen mit standardisierten, validierten Fragen
Cohen et al.	Großbritannien	Soziologie	Ärzte	Umgang mit Kinderdolmetschern	----------	Qualitativ: Interviews
Green et al.	Großbritannien	Public Health	Kinder	Dolmetscherlebnisse mit Schwerpunkt Medizin	Vietnam, Osteuropa, Türkei, Bangladesch	Qualitativ: Interviews
Jones/Trickett	USA	Psychologie	Jugendliche, Mütter	Art und Häufigkeit, Familiendynamik, Selbstvertrauen	Ehemalige Sowjetunion	Quantitativ: Fragebogen mit standardisierten, validierten Fragen
Kaur/Mills	USA	Pädagogik	Kinder, Eltern	Familiendynamik	Indien	Qualitativ: Interviews
Love/Buriel	USA	Psychologie	Kinder	Eigenständigkeit, Eltern-Kind-Bindung, Bikulturalität, Depressionen	Mexiko	Quantitativ: Fragebogen mit standardisierten, validierten Fragen
Martinez et al.	USA	Psychologie	Kinder, Eltern	Emotionale Anpassung, Verhalten von Eltern und Kindern	Lateinamerika	Quantitativ + qualitativ: Fragebogen, Interviews, Beobachtung
Morales/Aguayo	USA	Migrationsforschung	Kind, Eltern	Familiendynamik	Mexiko	Qualitativ: Fallstudie
Orellana et al.	USA	Pädagogik	Kinder, (Eltern, Lehrer)	Rolle der Kinder im Integrationsprozess, Machtverhältnisse, Familiendynamik	Lateinamerika	Quantitativ + qualitativ: Fragebogen, Fallstudien, Beobachtung, Einzel- und Gruppeninterviews, „Dolmetschtagebücher", Transkripte
Rajič	Österreich	Translationswissenschaft	Kinder	Sprachkompetenzen, Art und Häufigkeit, Erlebnisse	Ex-Jugoslawien, Türkei u. a.	Quantitativ + qualitativ: Fragebogen mit Raum für eigene Schilderungen
Trickett/Jones	USA	Psychologie	Jugendliche, Eltern	Familiendynamik, Parentifizierung	Vietnam	Quantitativ + qualitativ: Fragebogen, Interviews
Tse (1995)	USA	Pädagogik	Jugendliche	Art und Häufigkeit, Einstellung, schulische Leistungen	Lateinamerika	Quantitativ: Fragebogen
Tse (1996)	USA	Pädagogik: Bilingualität	Kinder	Sprachkompetenzen, Art und Häufigkeit, Einstellung	China, Vietnam	Quantitativ: Fragebogen
Valdés et al.	USA	Pädagogik	Kinder, Eltern	Familiendynamik	Lateinamerika	Qualitativ: Interviews
Weisskirch	USA	Psychologie	Kinder	Art und Häufigkeit, Emotionen, Akkulturation, Familiendynamik, Selbstvertrauen	Mexiko	Quantitativ: Fragebogen mit standardisierten, validierten Fragen
Weisskirch/Alva	USA	Psychologie	Kinder	Akkulturation, Selbstbild, Stress	Lateinamerika	Quantitativ: Fragebogen mit standardisierten, validierten Fragen

Danksagung

Mein Dank gilt allen, die jeweils auf ihre Weise zum Entstehen dieser Arbeit beigetragen haben: Frau Univ.-Prof. Dr. Larisa Schippel für die Begleitung und Inspiration während meines gesamten Studiums und die Initialzündung für mein Interesse am Community Interpreting sowie für die wissenschaftliche Betreuung; Herrn Prof. Dr. Dr. h.c. Hartwig Kalverkämper, der durch seinen Zuspruch und seine Unterstützung diesem Buch zur Publikation verholfen hat; Frau Dr. Karin Timme, die mir mit ihrer klaren und geduldigen Art eine wunderbare Ansprechpartnerin im Verlag Frank & Timme war.

Edith Püschel und der Arbeitsgruppe "Jour fixe" danke ich für den fruchtbaren interdisziplinären Austausch, der mich sehr motiviert hat.

Ebenfalls herzlich danken möchte ich meinen Freundinnen und Freunden, die mir vom ersten Strukturieren und Sortieren bis zur Durchsicht des Manuskripts zur Seite standen. Neben der wertvollen Bereicherung durch Diskussionen und Korrekturen haben sie mir geholfen, weder die Nerven noch den Blick für das Wesentliche zu verlieren: Dr. Eddie Hartmann, Moritz Meißner, Mirjam Miethling, Constanze Pfefferle, Wilma Raabe, Annika Schwarz, Gudrun Zenner, Mareike Zieher.

Nicht zuletzt danke ich Svenia Wirtz, ohne die ich einen ganz anderen Weg gegangen wäre und meine Ziele nicht so schnell erreicht hätte.

TRANSÜD. Arbeiten zur Theorie und Praxis des Übersetzens und Dolmetschens

Die Bände 1 bis 5 sind bei der Peter Lang GmbH erschienen und dort zu beziehen.

Ŧ Frank & Timme

TRANSÜD. Arbeiten zur Theorie und Praxis des Übersetzens und Dolmetschens

TRANSÜD. Arbeiten zur Theorie und Praxis des Übersetzens und Dolmetschens

TRANSÜD. Arbeiten zur Theorie und Praxis des Übersetzens und Dolmetschens

T Frank & Timme

TRANSÜD. Arbeiten zur Theorie und Praxis des Übersetzens und Dolmetschens

Frank & Timme

TRANSÜD. Arbeiten zur Theorie und Praxis des Übersetzens und Dolmetschens

Frank & Timme

TRANSÜD. Arbeiten zur Theorie und Praxis des Übersetzens und Dolmetschens

Ŧ Frank & Timme

TRANSÜD. Arbeiten zur Theorie und Praxis des Übersetzens und Dolmetschens

TRANSÜD. Arbeiten zur Theorie und Praxis des Übersetzens und Dolmetschens

Frank & Timme